CARL JUNG
LA SOMBRA

Enfrentando Los Aspectos Oscuros De La Psique

De Jekyll y Hyde a la Unidad del Yo:
Superando la Dualidad entre Oscuridad y Luz Interior

Arquetipo y Sombra

Edición original en español:
CARL JUNG - LA SOMBRA

Arquetipo y Sombra

Contenido

Prólogo

Este libro se adentra en uno de los conceptos más intrigantes de la psicología analítica: el arquetipo de la Sombra, un tema central en las obras de Carl Gustav Jung, psiquiatra y pionero del psicoanálisis junguiano. A través de sus capítulos, se examina cómo la Sombra se manifiesta en diversas áreas de la experiencia humana, proporcionando un análisis profundo y multifacético de este fenómeno psicológico.

Carl Jung, una figura monumental en la historia de la psicología, introdujo teorías que han transformado nuestra comprensión de la mente humana. Su concepto de la Sombra abarca aquellos aspectos de la personalidad que son relegados al inconsciente debido a que son percibidos como incompatibles o indeseables. Jung propuso que, aunque a menudo se ve como un depósito de nuestras debilidades, la Sombra también alberga un potencial significativo para la energía psíquica y la creatividad, esencial para nuestra evolución personal.

Este texto no solo se basa en las enseñanzas de Jung, sino también en las extensiones y adaptaciones de sus teorías realizadas por sus estudiantes y seguidores a lo largo de los años. A través de esta lente ampliada, el libro guía al lector en un viaje de autodescubrimiento y examina cómo la presencia de la Sombra influye en nuestra historia, literatura, relaciones interpersonales, y concepciones del éxito y el trabajo. Se discute cómo la negación y proyección de la Sombra pueden llevar a conflictos personales y colectivos, con ejemplos que van desde las interacciones diarias hasta eventos globales críticos como el Holocausto.

Además de diagnosticar influencias, el libro propone métodos para integrar la Sombra de manera saludable en nuestras vidas. Utilizando herramientas como la interpretación de sueños y la expresión creativa, así como la valentía para confrontar nuestros aspectos más oscuros, se promueve un camino hacia una mayor coherencia psicológica y espiritual.

Cada capítulo contribuye a una comprensión más rica del pensamiento junguiano, abordando desde las reflexiones sobre el mal en la sociedad contemporánea hasta el valor oculto en lo aparentemente trivial o despreciado. Estos análisis ofrecen una nueva perspectiva sobre nuestra relación con nosotros mismos y con el entorno, invitando a una reconsideración profunda de nuestra identidad y comportamiento.

Este libro está destinado a un público diverso, incluyendo psicólogos, buscadores espirituales, y aquellos interesados en la profundidad de la condición humana. Ofrece una exploración reveladora de una parte esencial de nuestra psique que, aunque oculta, tiene un impacto decisivo en nuestro comportamiento y nuestras vidas. Al final del recorrido, se puede llegar a ver la Sombra no como un adversario, sino como un guía esencial, dispuesto a conducirnos hacia una vida más auténtica y plena, reflejando la sabiduría de Jung: "Uno no se ilumina imaginando figuras de luz, sino haciendo consciente la oscuridad".

Arquetipo y Sombra

Nuestra Oculta Carga Emocional

Los antiguos gnósticos afirmaban que no inventamos las cosas, sino que simplemente las recordamos. Los investigadores europeos más destacados que han explorado el lado oscuro de la psique son Robert Louis Stevenson, Joseph Conrad y Carl G. Jung. Sus ideas, junto con algunas reflexiones propias, servirán de base para este análisis.

La sombra personal se forma desde los primeros años de vida. A los dos o tres años, el psiquismo del niño irradia energía en todas direcciones, como una esfera pletórica. Sin embargo, cuando los padres reprueban ciertos aspectos de su personalidad, el niño comienza a arrojar esas facetas indeseables en un saco invisible que todos llevamos con nosotros. Al iniciar la escolarización, ese fardo ya ha crecido considerablemente. Los maestros también contribuyen a llenarlo, censurando emociones como la ira.

Durante la adolescencia, el lastre sigue aumentando, no sólo por la presión de los adultos sino también por la de los compañeros. Los jóvenes se esfuerzan por amoldarse a imágenes ideales, relegando todo lo que no encaja en ellas al saco. Al llegar a los veinte años, la esfera de energía original se ha reducido a una delgada rebanada.

Cuando dos de estas rebanadas se unen en matrimonio, apenas conforman una persona completa. No es de extrañar que la luna de miel revele la soledad de cada uno, aunque se mienta al respecto.

Cada cultura llena el saco con contenidos diferentes. El cristianismo suele descartar la sexualidad y la espontaneidad. Aunque pueda parecer que las culturas primitivas arrastran un bulto más ligero, Marie-Louise von Franz advierte que esta conclusión es errónea: los sacos de todos los seres humanos tienen dimensiones similares. Esas culturas suelen echar al saco la individualidad y la creatividad.

Pasamos los primeros veinte años decidiendo qué partes de nosotros mismos meter en el saco y el resto intentando vaciarlo, a menudo infructuosamente. Robert Louis Stevenson abordó este tema en su relato "El extraño caso del Dr. Jekyll y Mr. Hyde". En una cultura guiada por modelos ideales, el lado amable de la personalidad tiende a anular otros aspectos. El cuento de Stevenson enseña a no negar el contenido del saco, porque puede desarrollar una personalidad paralela y manifestarse de forma inesperada.

Todo lo arrojado al saco regresa e involuciona hacia estadios previos del desarrollo. Si alguien cierra el saco a los veinte años y no lo abre hasta quince o veinte años después, la sexualidad, la violencia, la agresividad, la ira o la libertad que había relegado habrán sufrido una regresión, asumiendo un aspecto rudimentario y hostil. Abrir el saco a los cuarenta y cinco años puede ser tan atemorizante como vislumbrar la sombra amenazadora de un gorila en un oscuro callejón.

Los hombres de nuestra cultura suelen echar al saco las facetas femeninas de su personalidad. Al intentar restablecer el contacto con su mujer interior años después, pueden descubrir que se ha tornado hostil. Ese mismo hombre percibirá una gran hostilidad procedente de las mujeres con las que se encuentre. En el ámbito psicológico, como adentro es afuera. Si una mujer desea ser valorada por su feminidad y arroja al saco sus aspectos masculinos, con el tiempo puede desarrollar una fuerte aversión hacia los hombres y volverse áspera e inflexible en sus críticas hacia ellos. Aunque conviva con un hombre hostil que justifique la expresión de su hostilidad, no resolverá el problema de su propio saco. Quedará atrapada en un doble rechazo que genera sufrimiento.

Cuando se niega una parte de la personalidad, ésta termina tornándose hostil, como si se rebelara en contra de uno mismo. La poesía de Shakespeare es sensible a este riesgo de revueltas internas. Los problemas que abruman a los reyes en sus obras a menudo se refieren a este tema.

En Bali, la antigua cultura hindú opera a través de la mitología para hacer aflorar los contenidos de la sombra a la luz de la vida cotidiana. Las ceremonias religiosas en los templos están impregnadas de elementos terroríficos. Los hogares balineses están custodiados por figuras dentudas y agresivas esculpidas en piedra. Los artesanos fabrican máscaras coléricas. El ideal no es tanto actualizar la agresividad como sublimarla artísticamente. Los balineses pueden ser violentos en el combate, pero en la vida cotidiana son más pacíficos que nosotros.

En Estados Unidos, en cambio, se colocan figuras de hombrecillos benefactores o ciervos mansos en los jardines. Se empapelan las paredes con motivos florales, se cuelgan Renoirs sobre el sofá y se escucha música apacible. Pero esto no evita que la agresividad escape del saco y ataque a cualquiera.

Usando la analogía de un proyector de cine, se puede decir que miniaturizamos ciertas partes de nosotros mismos, las laminamos, las metemos en una lata y las guardamos en la oscuridad. Luego, una noche, mientras conducimos, descubrimos la imagen de un hombre y una mujer en una enorme pantalla al aire libre. La figura es tan grande que no podemos apartar los ojos de ella. Esas imágenes, doblemente ocultas por no haberse desarrollado plenamente y haber permanecido en la oscuridad, aparecen como figuras fantasmales que encienden cigarrillos y desenfundan pistolas. Nuestros psiquismos son proyectores naturales. Cuando se activan adecuadamente, despliegan en el exterior la imagen que durante años habíamos guardado en la oscuridad. La ira almacenada durante veinte años puede revelarse súbitamente en el rostro de la esposa, o una mujer puede descubrir a un héroe o a un tirano en su marido.

Al releer antiguos diarios, se puede descubrir que lo que parecían críticas a otros no eran más que proyecciones de la propia película interna. Nadie puede alimentarse de metal, como le ocurrió al rey Midas al transformar en oro todo lo que tocaba. Esa imagen refleja la incapacidad de nutrirse emocionalmente. Pero el Midas interior permanece enrollado en una lata, por lo que cada noche uno queda fascinado por los insensatos y perversos personajes que aparecen en la pantalla grande.

La proyección es un mecanismo extraordinario, a pesar de su valoración negativa. Marie-Louise von Franz -Psicóloga suiza, discípula de Jung, exploró la psique a través de los cuentos de hadas-, se pregunta por qué se ha convertido en una acusación entre los junguianos. Hay proyecciones útiles y adecuadas. Si no se pudiera proyectar, no se podría conectar con el mundo. Los hombres necesitan proyectar sus aspectos femeninos ideales sobre una mujer para poder abandonar la casa materna. El problema no radica en proyectar, sino en el tiempo que se permanece proyectando.

Sin embargo, la proyección sin contacto personal es peligrosa. Cuando millones de varones proyectaron sus aspectos femeninos internos sobre Marilyn Monroe, su muerte se volvió inevitable. Ningún ser humano puede soportar tantas proyecciones y seguir vivo. Por eso es crucial que cada uno asuma su propia responsabilidad.

¿Por qué nos desprendemos de partes de nosotros mismos siendo tan jóvenes? ¿Cómo podemos sobrevivir despojados de nuestra ira, espontaneidad, deseos, anhelos, facetas belicosas y desagradables? Alice Miller -Psicoanalista suiza, crítica de la pedagogía tradicional y la represión infantil-, aborda estos temas en su ensayo "El drama del niño dotado".

El primer acto de este drama comienza cuando llegamos al mundo con una personalidad de 360°, ofreciéndosela a nuestros padres. Pero ellos sólo quieren un niño o una niña buena y rechazan parte de ese obsequio. Nuestros padres nos necesitan para algo, como lograr una mejor aceptación social. Ese rechazo ocurre antes de que sepamos hablar, por lo que el dolor queda almacenado en un depósito preverbal. A partir de ese momento, nos dedicamos a fabricar una personalidad más aceptable para nuestros padres. Miller dice que nos hemos traicionado a nosotros mismos, pero agrega que no podíamos hacer otra cosa. En la antigüedad, los niños que se oponían a sus padres probablemente eran abandonados. La actitud más adecuada ante ese suicidio parcial es el duelo.

Cuantas más cosas se echan en el saco personal, menor es la energía disponible. Si en la infancia se arroja la sexualidad o la masculinidad al saco, se desperdicia una gran cantidad de energía. El saco contiene energía inaccesible.

Considerar que uno no es creativo implica haber arrojado toda la creatividad al saco.

Cada persona arrastra su propio saco, pero también cada pueblo y cada grupo humano. Las comunidades interfieren con el proceso personal, por lo que vivir en sociedad resulta más comprometido que permanecer aislado en la naturaleza. Los odios feroces que a veces se desatan en las pequeñas comunidades pueden facilitar la toma de conciencia del proceso de proyección. La comunidad junguiana también tiene su propio saco y suele recomendar a sus miembros que arrojen en él la vulgaridad y el interés económico, mientras que la comunidad freudiana aconseja despojarse de la vida religiosa.

Existe también un saco nacional. Para conocer su contenido en un momento dado, basta con escuchar las críticas oficiales hacia otros países. Según Reagan, Estados Unidos es honesto pero los demás soportan dictaduras, maltratan a las minorías, adoctrinan a los jóvenes y quebrantan acuerdos. Los rusos, a su vez, pueden descubrir su propio saco nacional leyendo artículos sobre Estados Unidos en Pravda. Se trata de un entramado de sombras proyectadas desde ambos lados que confluyen en algún punto del espacio.

En este artículo se han empleado las metáforas del saco, la película enlatada y la proyección. Como el saco está cerrado y las imágenes permanecen ocultas en la oscuridad, sólo se puede percibir su contenido proyectándolo inocentemente sobre el mundo. Entonces las arañas parecen malignas, las serpientes astutas, los machos cabríos lascivos; los seres humanos unidimensionales, las mujeres débiles, los rusos carentes de principios y los chinos iguales entre sí. Pero es precisamente gracias a este artificio engañoso, complejo, dañino, devastador e inexacto que se establece contacto con el lodo y el cuervo encuentra un lugar donde posarse.

Exploradores del Lado Oscuro

A través de la historia del cristianismo, el miedo a sucumbir ante la maldad se ha manifestado como el temor a ser poseído por las fuerzas oscuras. Los relatos sobre vampiros y hombres lobo, presentes quizás desde tiempos inmemoriales y cuya encarnación más reciente es el Conde Drácula de Bram Stoker, despiertan simultáneamente nuestra atracción y nuestro pavor.

Tal vez el caso más célebre de posesión sea la leyenda de Fausto, quien, cansado de una existencia académica virtuosa, acaba pactando con el mismísimo diablo. Hasta entonces, Fausto se había entregado a una búsqueda incansable del saber que terminó por desarrollar unilateralmente los aspectos intelectuales de su personalidad, reprimiendo y relegando al inconsciente gran parte del potencial de su yo. Como suele ocurrir en estos casos, la energía psíquica reprimida no tardó en reclamar atención. Sin embargo, en lugar de dialogar con las figuras emergentes de su inconsciente o realizar un minucioso autoanálisis para asimilar la sombra, Fausto se rindió, "cayó" y "acabó poseído".

El error de Fausto fue creer que la solución residía en "más de lo mismo", es decir, en adquirir aún más conocimiento, lo que solo le hizo perseverar obstinadamente en el viejo patrón neurótico. Al personificar la sombra, quedó cautivado por su numinosidad y, al igual que el Dr. Jekyll —otro intelectual con un problema similar—, sacrificó su ego sucumbiendo al hechizo de la sombra. Debido a este error, ambos cayeron en una situación temida por todos: Fausto se convirtió en un bebedor y libertino, mientras Jekyll se transformó en el monstruoso Mr. Hyde.

En cierto modo, la fascinación que ejercen las figuras de Fausto y Mefisto, o Jekyll y Hyde, radica en que encarnan un problema arquetípico y asumen la heroica tarea de enfrentar algo que el resto de los humanos evitamos constantemente. Nosotros, como Dorian Gray, optamos por ocultar nuestras cualidades negativas, esperando que nadie descubra su existencia, mientras mostramos un rostro inocente al mundo (la persona); creemos que es posible vencer a la sombra, despojarnos de la ambigüedad moral, expiar el pecado de Adán y, nuevamente Uno con Dios, regresar al Jardín del Edén. Por eso inventamos Utopías, Eldorados o Shangri-Las, lugares donde la maldad es desconocida; por eso nos consolamos con la fábula marxista o rousseauniana de que el mal no reside en nuestro interior, sino que es producto de una sociedad "corrupta" que nos aprisiona, y que basta con cambiar la sociedad para erradicar definitivamente el mal de la faz de la Tierra.

Las historias de Jekyll, Fausto y el relato bíblico del pecado de Adán son alegorías con moraleja que nos recuerdan la persistente realidad del mal y nos mantienen ligados a la tierra. Son tres versiones distintas del mismo tema arquetípico: un hombre, hastiado de su vida, decide ignorar las prohibiciones del superyó, liberar la sombra, encontrar el ánima, "conocerla" y vivir. Sin embargo, las tres van demasiado lejos y cometen el pecado de hybris, condenándose inexorablemente a némesis. "El precio del pecado es la muerte".

La ansiedad que conllevan estas historias no es tanto el temor a ser descubiertos como el miedo a que el aspecto oscuro escape a nuestro control. Todos los relatos de ciencia ficción, cuyo prototipo es el Frankenstein de Mary Shelley, pretenden despertar la inquietud del lector. En El malestar en la cultura, Freud demuestra su profunda comprensión de este problema. No obstante, la época y las circunstancias vitales que le rodearon le llevaron a concluir que la tan temida maldad, reprimida tanto por hombres como por mujeres, era de naturaleza estrictamente sexual. Su análisis sistemático de este aspecto de la sombra y el declive simultáneo del poder del superyó judeocristiano terminaron por expurgar a los demonios eróticos de nuestra cultura, allanando el camino para que muchos contenidos de la sombra pudieran integrarse en la personalidad total del ser humano sin exigir a cambio el tributo del sentimiento de culpa que tanto había afligido a generaciones anteriores. Este excepcional ejemplo colectivo ilustra claramente el valor terapéutico que Jung atribuía al proceso analítico de reconocimiento e integración de los distintos componentes de la sombra.

Sin embargo, aún queda por exorcizar de la sombra un elemento tan poderoso como el deseo sexual pero de consecuencias mucho más devastadoras: el ansia de poder y destrucción. Resulta sorprendente que Freud, testigo de la Primera Guerra Mundial y del posterior surgimiento del fascismo, ignorara este componente. Es posible que su omisión fuera consecuencia de su firme determinación de que la teoría sexual se convirtiera en el concepto fundamental del psicoanálisis. "Mi querido Jung: Prométame que nunca abandonará la teoría sexual. Es el punto central de nuestra teoría. De él debemos hacer un dogma, un baluarte inexpugnable", le escribió. Anthony Storr -Psiquiatra británico, conocido por sus escritos sobre creatividad y psicopatología-, sugiere que esta omisión también podría deberse al sentimiento de culpa de Freud respecto a la defección de Alfred Adler -Psicólogo austriaco, fundador de la psicología individual-, quien precisamente había abandonado el movimiento psicoanalítico por su convicción de que en la etiología de la psicopatología humana el instinto de poder desempeñaba un papel mucho más importante que el deseo sexual.

En nuestro siglo, la necesidad de afrontar los componentes más brutales y destructivos de la sombra se ha convertido en el destino ineludible de nuestra especie. Si no lo hacemos, no tendremos esperanza alguna de supervivencia. Este es realmente el problema de la sombra en la actualidad, este es el verdadero origen de la "ansiedad universal" que nos aqueja. "Aún estamos a tiempo de detener el Apocalipsis, pero nuestra acción debe ser inmediata", declara Konrad Lorenz - Etólogo austriaco, pionero en el estudio del comportamiento animal-.

Nuestra época atraviesa un momento crítico de la historia de la humanidad y, si no nos aniquilamos a nosotros mismos y a la mayor parte de las especies de la Tierra, la ontogenia terminará triunfando sobre la filogenia. Hacer consciente la sombra se ha convertido en nuestro imperativo biológico fundamental. El peso moral que conlleva esta inmensa tarea es mucho mayor que el que ha podido afrontar cualquier generación anterior. En la actualidad, el destino del planeta y de todo nuestro sistema solar (ahora sabemos que somos los únicos seres sensibles en él) está en nuestras manos. Jung es el único de los grandes psicólogos de nuestra época que nos ha proporcionado un modelo conceptual útil para poder afrontar con éxito esta tarea. Su concepto de sombra sintetiza el trabajo de Adler y Freud, y su demostración de la tendencia del yo a actualizarse los trasciende a ambos. Solo podremos evitar la hecatombe si llegamos a un acuerdo consciente con la naturaleza y, en particular, con la naturaleza de la sombra.

podremos evitar la hecatombe si llegamos a un acuerdo consciente con la naturaleza y, en particular, con la naturaleza de la sombra.

Trauma del Arquetipo Materno

Los mecanismos psicológicos que se activan cuando una persona ha sido profundamente afectada por una historia infantil de traición y decepción son complejos. Una transición inadecuada desde la situación arquetípica original hacia una relación humana más personal puede llevar al niño a experimentar rechazo y traición. Esto ocurre, por ejemplo, cuando la madre permanece identificada con el arquetipo de Madre omniprotectora y nutricia, aunque en la relación con su hijo muestre pensamientos y sentimientos que no corresponden a esa actitud. Para el desarrollo de la individualidad del niño, es necesario que experimente una imagen más completa de la verdadera personalidad de su madre.

Si la madre se identifica únicamente con el arquetipo de Madre positiva, la Madre negativa queda relegada al inconsciente profundo. Así, el niño, en lugar de vivenciar una transición de la Madre arquetípica a la madre humana —con toda su gama de sentimientos y emociones—, queda atrapado entre dos fuerzas arquetípicas opuestas, experimentando rechazo y traición, lo que destruye su sensación de integridad y escinde su personalidad. Anhela salir de la situación arquetípica madre-hijo positiva, pero el impulso hacia la individuación le empuja a dar ese paso. Solo le quedan entonces dos opciones extremas: permanecer como un niño o despertar el rechazo absoluto de la absorbente Madre Negativa. Incluso si elige expresar su propia individualidad, se enfrenta a un poder oscuro que destruye cualquier sensación de gratificación o logro. Esta es la traición a la que se hace referencia.

Mientras la Madre Positiva acepta y valora a su hijo con todas sus debilidades e imperfecciones, la Madre Negativa lo rechaza y le exige superarlas. Este rechazo, que ocurre a un nivel muy colectivo, equivale a un rechazo de los elementos únicos e individuales del niño que no concuerdan con la imagen materna de cómo debe ser su hijo. Por ello, el niño debe ocultar o reprimir su singularidad, y sus peculiaridades terminan en la sombra. Dado que el contenido de la sombra a menudo está lleno de elementos desagradables, inaceptables y destructivos para los demás y la sociedad, la combinación de individualidad y sombra suele ser desastrosa. El individuo termina equiparando su alma a su sombra, disminuyendo drásticamente sus posibilidades de establecer o mantener un contacto humano profundo. En estos casos, se observa que cada vez que la persona comienza a intimar con alguien, invariablemente hace algo para ser rechazada. Este fenómeno es tan habitual que merece ser comprendido más a fondo.

Las personas que han sufrido una traición arquetípica parecen provocar, casi pedir, el rechazo de los demás. Expresan exactamente su visión de sí mismas. Durante un tiempo, se creyó que se trataba de un recelo a expresar sus viejas heridas por temor a ser dañadas nuevamente. Esto parecía tener sentido, hasta que se comprendió que, aunque abrirse a alguien pudiera exponerlas a ser heridas otra vez, la experiencia infantil de rechazo y traición fue la causa original de la herida. Por lo tanto, cuando una persona rechaza y produce rechazo, está reactivando la situación traumática original. Este mecanismo inconsciente no resulta eficaz para evitar el sufrimiento, por lo que se necesitan otras explicaciones.

El problema se comprende mejor al considerar que es consecuencia de la incapacidad de la persona para distinguir entre la sombra y el alma. Así, cada vez que el individuo establece un contacto profundo con otra persona, emergen sentimientos de vergüenza, culpabilidad y miedo. En otras palabras, la sombra contiene elementos infantiles regresivos cuya asimilación e integración en la personalidad se ha visto obstaculizada por el rígido rechazo del arquetipo parental negativo internalizado. Por más que se le acepte y valore, el individuo seguirá sintiéndose rechazado. Parece estar pidiendo que los demás le rediman de la culpabilidad que siente por los aspectos verdaderamente inaceptables y destructivos de su sombra, que no ha logrado diferenciar de la totalidad de su ser. Las demandas y dependencias infantiles, la sexualidad infantil indiferenciada, el egoísmo, la crueldad, etc., son elementos de la condición humana que deben ser contenidos para no dañar a los demás. El amor y el respeto suponen la aceptación de todas estas cualidades, lo que no significa estar dispuesto a ser dañado por la sombra. Pero esto es precisamente lo que busca quien provoca rechazo. Estas personas solo podrán experimentar aceptación y amor cuando se les permita expresar plenamente su sombra y, aunque inflijan sufrimiento a los demás, sigan siendo amadas. Desde este punto de vista, el agente que determina su acción no es tanto el miedo sino, más bien, la necesidad de intimidad. En otras palabras, la profunda necesidad de liberarse de la culpa y el miedo que provocan los contenidos de su sombra es la que les impulsa continuamente a comprometerse en relaciones que les ofrezcan la posibilidad de conectar profundamente con los demás.

Matrimonio: Espejo de Proyecciones

Los terapeutas de pareja frecuentemente observan que aquellas características inicialmente atractivas en una relación posteriormente se convierten en fuentes de conflicto. Así, los rasgos fascinantes terminan transformándose en aspectos problemáticos y negativos de la personalidad y conducta del compañero.

Un hombre cautivado por la sociabilidad y empatía de su esposa puede luego percibirla como frívola e indiscreta, mientras que una mujer atraída por la formalidad y seguridad de su marido puede después considerarlo aburrido y opresivo. Las cualidades más seductoras suelen ser las más ambivalentes, generando etiquetas opuestas con el paso del tiempo.

En terapia de pareja, es habitual comenzar explorando qué fue lo primero que atrajo a cada miembro hacia el otro y qué los hizo especiales a los ojos de su compañero. Estas preguntas suelen despertar sorpresa en los consultantes, quienes con frecuencia se perciben como personas muy diferentes e incluso opuestas.

Tal era el caso de los Bretts, quienes al ser interrogados sobre cómo describiría su relación alguien cercano, Tom respondió: "Improbable, como la relación entre la prensa y la iglesia, entre un cínico y una creyente. Yo soy racional y reservado mientras que Laura es todo lo contrario". Ella asintió, agregando: "Tú eres tranquilo y pasivo, mientras que yo siempre estoy en movimiento. Somos dos personas completamente opuestas".

Los Bretts, como muchas parejas aparentemente compuestas por opuestos, enfrentaban el frecuente problema de diferenciar entre los pensamientos, sentimientos y deseos propios y los del otro, una dificultad derivada de cómo se trazan las fronteras personales. La confusión entre lo individual y lo relacional subyace a la mayoría de los conflictos de pareja.

Algunas parejas parecen conformadas por individuos francamente opuestos, pero su diferencia no es mayor que la existente entre marionetas: cada uno desempeña un papel distinto ante el público, pero detrás de escena sus hilos se entremezclan. Así ocurría con los Bretts, cuyas emociones se hallaban caóticamente fusionadas a nivel inconsciente, encarnando y expresando cada uno los aspectos enajenados del otro.

Este acuerdo tácito implica una división del amplio rango de sentimientos y respuestas del repertorio vital: Laura asumió el rol de optimista y Tom el de pesimista; ella era creyente y él escéptico; ella anhelaba apertura emocional y él buscaba distancia e independencia. Conformaban un organismo adaptado donde Laura se encargaba de inspirar y Tom de exhalar.

Aunque Laura manifestaba su deseo de intimidad y unión, existía un pacto secreto: cuando ella se aproximaba, la autonomía de Tom se reactivaba, imponiéndose nuevamente la distancia. Así, Laura dependía de Tom para conservar su territorio vital, pues también precisaba cierta independencia. Sin embargo, creía que satisfacer las necesidades individuales era un error, por lo que sólo tomaba conciencia de su yo separado tal como lo sentía y expresaba su pareja.

De igual modo, Tom no reconocía que su anhelo de una relación más estrecha y sincera provenía de su interior, considerándolo una necesidad originada en Laura. Desde su perspectiva, él era autosuficiente. Pero así como Laura dependía de Tom para escapar de sus propias redes, él dependía de ella cuando deseaba intimidad.

En lugar de expresar directamente cualquier necesidad de cercanía, Tom la había disociado de su conciencia por considerarla riesgosa y vulnerable. Cuando anhelaba proximidad, debía sentir que ese deseo provenía de Laura, lo cual lograba insinuándole que pensaba en otra mujer. Entonces ella lo perseguía ansiosamente hasta que él alcanzaba la intimidad deseada.

Esta dinámica es común en los matrimonios, donde se abre un abismo entre satisfacer las necesidades individuales y las relacionales. En lugar de admitir que ambos desean intimidad y autonomía, reconociendo el conflicto interno en cada uno, los Bretts firmaron un contrato inconsciente: Laura no tomaría conciencia de su necesidad de espacio personal y Tom nunca reconocería su necesidad de apertura emocional. Ella se ocuparía de la intimidad y él de la autonomía de ambos.

Así, un dilema intrapsíquico se convirtió en un conflicto interpersonal recurrente mediante el mecanismo de identificación proyectiva. Este proceso mental generalizado y destructivo consiste en proyectar aspectos negados de la experiencia interna sobre la pareja, percibiéndolos luego como si procedieran de ella. No sólo los pensamientos y sentimientos indeseables parecen provenir del otro, sino que éste es instigado a comportarse como si realmente se originaran en él.

Un claro ejemplo son las personas que nunca se enfadan ni muestran agresividad, quienes sólo perciben la cólera cuando aparece en el otro. Al desconectarse de esa emoción, provocan explosiones de hostilidad en su pareja por motivos nimios. Ésta, que probablemente no experimentaba enojo antes de la interacción, representa la rabia, permitiendo al individuo identificarse con ella sin asumir responsabilidad personal. Tras la explosión, suele censurar severamente a su esposa, horrorizándose ante su conducta airada e incontrolada.

Las proyecciones son intercambios pactados de aspectos reprimidos del yo, donde cada uno ve en el otro lo que no puede percibir en sí mismo y lucha incesantemente por cambiarlo. Como expresan los versos de Rumi, quizás los dragones que amenazan nuestra vida no sean sino princesas anhelantes aguardando nuestra apostura y valentía, y lo que más terrible parece sólo ansía nuestro amor.

Desentrañando el Mal

El bien y el mal son conceptos fundamentales en la psicología humana, y su comprensión puede arrojar luz sobre la naturaleza de la salud y la enfermedad mental. Cuando una persona se encuentra en un estado de bienestar, experimenta una profunda sensación de unidad entre su realidad interna, su energía vital y su conciencia. En este estado, los movimientos del cuerpo fluyen de manera espontánea y armoniosa, permitiendo una expresión creativa y auténtica. La persona sana se siente conectada con los demás seres humanos, experimentando empatía, compasión y un deseo genuino de ayudar.

Por el contrario, la enfermedad se caracteriza por una distorsión de la realidad en múltiples niveles: corporal, emocional y en la percepción de los demás. El individuo enfermo tiende a atribuir sus problemas a factores externos, renunciando a la responsabilidad sobre su propia vida y acciones. Su conciencia y energía se ven alteradas, restringiendo su pensamiento y expresando emociones negativas como el odio, el miedo y la crueldad.

El concepto de coraza, desarrollado por Wilhelm Reich -Psicoanalista austriaco, innovador en la teoría de la energía orgónica-, es fundamental para comprender el funcionamiento de la enfermedad. La persona acorazada se aísla de su propia naturaleza, levantando barreras contra los impulsos vitales que surgen de su cuerpo. Esto genera tensión, insensibilidad y una ambivalencia emocional inconsciente. Según Reich, todo ser humano posee un núcleo vital desde el cual emana el movimiento pulsátil de la vida. En la persona libre, este movimiento fluye sin obstáculos hacia la periferia, permitiendo una expresión natural y espontánea. Sin embargo, en la persona acorazada, existe una barrera que bloquea y distorsiona este flujo vital.

Cuando los impulsos vitales chocan contra la coraza, el individuo experimenta terror y busca suprimir estas sensaciones, considerándolas amenazantes y destructivas. La coraza separa la mente del cuerpo, las emociones del espíritu, generando una escisión interna. Esta división puede manifestarse en diversas formas, como el misticismo desconectado de la realidad interna o la crueldad desmedida hacia los demás y hacia uno mismo.

Para superar estas barreras, es necesario reconocer y aceptar tanto los aspectos racionales como los irracionales de la psique humana. La irracionalidad no debe ser rechazada, sino comprendida y expresada de manera consciente. Esto implica expandir los límites del pensamiento y abandonar la visión dualista que divide el mundo entre el bien y el mal.

En términos energéticos, el mal puede entenderse como un enlentecimiento o disminución de la frecuencia vital, una condensación que genera pesadez y estancamiento. Cuanto menor es la frecuencia del movimiento, mayor es la distorsión de la conciencia, lo que se manifiesta en una disminución de la creatividad, la sensibilidad y la comprensión. La resistencia al flujo vital es, en esencia, la manifestación del mal.

La conciencia juega un papel fundamental en el flujo energético, tanto a nivel cósmico como individual. Sin embargo, es importante evitar culpabilizar o avergonzar al individuo por sus acciones negativas o contenidos inconscientes. Estas son consecuencias de un estado dinámico del cual la persona no es plenamente consciente. El mal, entonces, es una distorsión profunda de la energía y la conciencia, una resistencia a la vida misma.

La vida es una fuerza dinámica y pulsátil, una manifestación de energía y conciencia en constante movimiento. El mal surge cuando existe una resistencia a este flujo vital, generando estancamiento y distorsión. Comprender la naturaleza del mal y su relación con la energía y la conciencia es fundamental para promover la salud mental y el bienestar humano.

La Sombra en el Ámbito Laboral

El inconsciente, esa parte oculta de la psique humana, alberga fuerzas que a menudo obstaculizan la consecución de metas conscientemente establecidas. Esta faceta oscura de la personalidad, conocida como la sombra, parece sabotear esfuerzos, frustrar expectativas y despreciar el éxito. El ámbito laboral, un elemento crucial en la formación de la sombra, con frecuencia dificulta el logro de objetivos en lugar de facilitarlos.

La vida profesional, aunque menos reconocida que otros aspectos vitales, desempeña un papel fundamental en la creación de la sombra. El entorno laboral condiciona el comportamiento para adaptarse a las exigencias sociales y alcanzar el éxito. En el afán de complacer a superiores, colegas y clientes, se relegan rasgos desagradables de la personalidad, como la agresividad, la envidia, la competitividad y la crítica, a los rincones más recónditos de la psique. Muchos individuos asumen así el costoso compromiso de arrojar gran parte de sí mismos a la sombra, descubriendo luego que han "vendido su alma a la empresa".

Si bien la sombra es necesaria para ocultar impulsos destructivos, flaquezas y capacidades menos desarrolladas, relegar una porción significativa del ser a las profundidades oscuras entraña riesgos. La sombra profesional puede volverse tan densa y consistente que adquiera vida propia y se torne destructiva.

La sombra del poder y la competencia se manifiesta en casos como el de Harold, un ejecutivo de mediana edad que, a pesar de su exitosa trayectoria, experimentaba depresión y falta de motivación. Harold, afectado por un sentimiento de inferioridad heredado, proyectaba sus oscuros sentimientos de poder, arrogancia y competencia en su jefe, un hombre duro e insensible. Aunque aparentemente todo funcionaba, Harold evitaba confrontaciones, eludía cambios y renunciaba a su entusiasmo y creatividad. Eventualmente, la fachada se resquebrajó y Harold comenzó a mostrar una agresividad impropia, lo que le llevó a reconsiderar el coste personal de su vida laboral.

La adicción al trabajo, que conduce a un estilo de vida desequilibrado y compulsivo, también evidencia la presencia de la sombra en el ámbito profesional. Originada en pautas familiares que valoran exclusivamente el éxito o transmiten modelos adictivos, esta adicción puede verse reforzada por organizaciones que sostienen y alientan tal comportamiento. Sin embargo, tarde o temprano, algo falla y la adicción revela sus facetas más destructivas.

Además de la adicción al trabajo, la cultura empresarial presenta aspectos manifiestos y ocultos que determinan logros financieros y personales. Las organizaciones que rechazan el desarrollo de recursos humanos y desatienden el estrés manifiestan una notable insensibilidad. Cuando la atención se focaliza exclusivamente en la productividad, se genera un clima de desconfianza que puede convertir a empleados en chivos expiatorios.

Por el contrario, las culturas colectivas que potencian la comunicación abierta pueden establecer controles para resolver problemas suscitados por la sombra individual y grupal. Una organización sana contribuye a limitar expresiones negativas mediante sistemas de retroalimentación adecuados, acuerdos sobre valores y objetivos, y el desarrollo de las capacidades más profundas de sus trabajadores.

La motivación de los empleados también se halla ligada a la sombra. Quienes ambicionan ascender en la jerarquía pueden verse obligados a negar sus cualidades más estimadas y utilizar a otros como escalones. Al llegar a la cumbre, su vida profesional puede hallarse totalmente desvinculada de la sombra, exponiendo su humanidad solo en la intimidad familiar y llegando incluso a despreciar a los demás.

Los gestores de recursos humanos y consultores empresariales suelen soslayar el problema de la sombra individual y colectiva. No obstante, resultaría provechoso aunar esfuerzos para reconocer el lado oscuro de la empresa y contribuir a la necesaria renovación individual, empresarial y social.

Éxito y Autodestrucción

El éxito es una meta común para la mayoría de las personas y empresas, pero en la actualidad se han observado ciertas distorsiones en su definición que han llevado a consecuencias lamentables. A menudo, el éxito brillante termina deslucido por la ansiedad que lo acompaña: la duda sobre su duración, el temor a perderlo y la pregunta sobre si realmente se merece. Esto puede llevar rápidamente de la euforia y el entusiasmo a la inquietud, la fatiga, la depresión y la crisis personal.

Este cambio se debe a que la arrogancia y la inflación del ego que suelen acompañar al éxito impiden afrontar y asimilar la sombra. En esa situación, el individuo se ve arrastrado por los caprichos del ego, deja de escucharse y observarse, desperdiciando la posibilidad de aprender más profundamente sobre sí mismo y distorsionando, e incluso perdiendo, su verdadera identidad.

Un ejemplo de esto es el caso de James, un personaje muy apreciado en Wall Street en la década de los ochenta, que llegó a odiar su rentable negocio y lo vendió por una suma millonaria. Poco después, acudió a consulta aparentemente relajado y hablando animadamente de sus travesías en yate, la temporada de esquí y su nuevo rancho. Sin embargo, al finalizar la entrevista reveló que no tenía a quien contarle su vida, mencionando desengaños, disputas familiares, un divorcio inminente, largas noches de insomnio y miedo al qué dirán.

La sombra de James, como la de la mayoría de las personas, estaba repleta de aspectos que no se adecuaban a su ego ideal del momento, partes de sí mismo que sus padres u otras personas consideraban indignas y que terminaron siendo sepultadas, y sueños y ambiciones que en su momento consideró estúpidos o irreales y que postergó. Estos aspectos ocultos son más importantes que los manifiestos, ya que controlan la dirección de la vida, el nivel energético y la historia biográfica. El precio de arrojar el ser a la oscuridad es la pérdida del alma.

Los verdaderos triunfadores son aquellos que saben extraer toda la riqueza potencial de su sombra y utilizarla en su provecho. Ejemplos históricos de personas que supieron aprender de sus propios fracasos, errores y sufrimientos y utilizar adecuadamente sus enseñanzas son Winston Churchill, Eleanor Rooselvelt, Florence Nightingale, Thomas Jefferson y Abraham Lincoln.

Para mantener vivo el aprendizaje y el crecimiento en las empresas, es fundamental evitar la hybris en el momento en que se alcanza el éxito. El tallo de la dulce planta del éxito hunde sus raíces más profundas en el suelo de la inflación del ego que se alimenta del orgullo y la codicia. Algunos signos que acompañan a los ataques de hybris son: atribuirse la posesión de dones especiales, rechazar informes adversos, necesidad de protagonismo y vivir según principios morales superiores.

Cuando aparece la hybris, se deja de aprender. El ego inflado proyecta a la sombra y la ira ciega amenaza con arrastrar al individuo. Reconocer la presencia de la sombra es el primer paso para salir de esta situación, y el siguiente es aprender lo que tiene que enseñar. Si se encuentra un modo de ir más allá de las necesidades, roles y símbolos del ego, se puede penetrar en el caos del nuevo aprendizaje y descubrir facetas insospechadas sobre uno mismo.

El éxito siempre va acompañado por una sombra que puede llegar a ser devastadora. Es necesario afrontar día a día a la sombra, pero para renovarse realmente también se necesitan guías, mentores y, en ocasiones, hasta terapeutas. Los triunfadores saben cómo hacer ese trabajo, como dijo el escritor John Gardner: "Cuando se escala una montaña, es importante recordar que no es la única. Hay que mirar hacia la próxima cima y aprovechar los valles para fortalecerse".

El Mal en Nuestros Días

El mito cristiano permaneció incólume durante un milenio hasta que en el siglo XI se vislumbraron los primeros indicios de una transformación en la conciencia colectiva. Desde entonces, la inquietud y el escepticismo fueron en aumento hasta que, a finales del segundo milenio, se perciben nuevamente los signos de una catástrofe global que amenaza la psique humana. Esta amenaza radica en una hipertrofia de la consciencia, una hybris que puede sintetizarse en la afirmación: "Nada trasciende al ser humano y sus logros". El mito cristiano ha perdido su dimensión trascendente y, con ella, se ha desvanecido la noción de totalidad ultramundana propuesta por el cristianismo.

A la luz le sucede la oscuridad, la otra faz del Creador, y este proceso ha alcanzado su cenit en el siglo XX.

La irrupción del mal, cuya primera manifestación violenta acaeció en Alemania, enfrenta al cristianismo con el mal (encarnado en la injusticia, la tiranía, la falsedad, la esclavitud y la opresión de la conciencia) y revela hasta qué punto el cristianismo ha sido socavado en el siglo XX. El mal ya no puede justificarse con el eufemismo de la privatio boni y se ha tornado una realidad determinante que no puede erradicarse del mundo mediante una simple paráfrasis. De ahora en adelante, debemos aprender a lidiar con él, pues permanecerá a nuestro lado aunque, por el momento, resulte arduo concebir cómo podremos coexistir sin sufrir sus terribles secuelas.

En cualquier caso, se requiere una reorientación, una metanoia. El contacto con el mal entraña el riesgo de sucumbir a él. Sin embargo, ya no podemos seguir capitulando, ni siquiera ante el bien. Un bien en el que "caemos" deja de ser un bien moral. No es que se torne malo, sino que el mero hecho de sucumbir puede generar múltiples problemas. Cualquier forma de dependencia, ya sea al alcohol, la morfina o el idealismo, es perniciosa. Debemos abandonar la concepción del bien y el mal como términos absolutamente antagónicos. Debemos dejar de lado el criterio de acción ética que considera al bien un imperativo categórico y que podemos soslayar el llamado mal. Así, al reconocer la realidad del mal, necesariamente relativizamos el bien y el mal, comprendiendo que ambos constituyen, paradójicamente, dos mitades de una misma totalidad.

En la práctica, esto implica que el bien y el mal dejan de ser incuestionablemente evidentes y que tomamos conciencia de que es nuestra propia valoración la que los define como tales. No obstante, todo juicio humano es imperfecto y, por ende, no podemos seguir creyendo ingenuamente en la infalibilidad de nuestros dictámenes. El dilema ético sólo surge cuando comenzamos a cuestionar nuestras valoraciones morales. Pero que el "bien" y el "mal" sean relativos no significa que sean categorías inválidas o inexistentes. Por otra parte, nos vemos continuamente obligados a tomar decisiones morales y a asumir las consecuencias psicológicas que inevitablemente acompañan nuestras elecciones. Como se ha señalado en otras ocasiones, todo error cometido, pensado o deseado retornará a nuestra alma. Los contenidos de nuestros juicios dependen del contexto espacio-temporal y, por tanto, adoptan formas muy diversas. Toda valoración moral se asienta en la aparente certeza de un código ético que pretende saber exactamente qué es bueno y qué es malo. Pero una vez que hemos descubierto la precariedad de sus cimientos, cualquier decisión ética se convierte en un acto creativo subjetivo.

Es imposible eludir el suplicio de la decisión ética. No obstante, por más extraño que pueda parecer, debemos ser lo suficientemente libres como para evitar el bien y hacer el mal si nuestra decisión ética así lo requiere. En otras palabras, no debemos caer en ninguno de los opuestos. En este sentido, el neti neti de la filosofía hindú nos brinda un patrón moral sumamente útil. En ciertos casos, el código moral queda abrogado y la decisión ética recae en manos del individuo. Esto no es nada nuevo; en definitiva, se trata de una antigua noción conocida en la época prepsicológica como "conflicto de deberes".

Sin embargo, como norma general, el individuo es tan inconsciente que suele ignorar por completo su propia capacidad de elección y busca ansiosamente en el exterior normas y reglas que puedan guiar su conducta.

Gran parte de la responsabilidad de esta situación recae en la educación, orientada exclusivamente a repetir viejas generalizaciones pero totalmente silenciosa respecto a los secretos de la experiencia personal. Así, individuos que ni viven ni vivirán jamás de acuerdo con los ideales que proclaman, enseñan todo tipo de creencias y conductas idealistas sabiendo de antemano que nadie las cumplirá y, lo que es aún más grave, nadie cuestiona siquiera la validez de este tipo de enseñanza.

En este contexto, para abordar el problema del mal en la actualidad resulta absolutamente necesario el autoconocimiento, es decir, el mayor conocimiento posible de la totalidad del individuo. Se debe tener clara conciencia de la propia capacidad para hacer el bien y de las vilezas que se pueden llegar a cometer. Para vivir libres de engaños e ilusiones, se requiere suficiente consciencia como para no creer ingenuamente que el bien es real y que el mal es ilusorio, comprendiendo que ambos forman parte constitutiva de la propia naturaleza.

Sin embargo, aunque hoy en día existan personas con gran comprensión de sí mismas, la mayoría dista mucho de poseer este nivel de autoconocimiento. El autoconocimiento es crucial porque permite acercarse a ese estrato fundamental, a ese núcleo esencial del ser humano donde moran los instintos y radican los factores dinámicos preexistentes que determinan las decisiones éticas de la consciencia. Este núcleo es el inconsciente y sus contenidos, sobre los cuales no se puede emitir ningún juicio definitivo. Cualquier idea que se tenga del inconsciente será errónea porque la capacidad cognitiva es incapaz de comprender su esencia y de imponerle límites racionales. Para alcanzar el conocimiento de la naturaleza se necesita la ciencia, que amplía la consciencia; de igual manera, para profundizar el autoconocimiento se requiere de la ciencia, es decir, de la psicología. No es posible construir un telescopio o un microscopio, por ejemplo, a fuerza de buena voluntad, sino que para ello es necesario tener profundos conocimientos de óptica.

Hoy en día la psicología resulta de capital importancia. El conocimiento del ser humano es tan parcial y distorsionado que el nazismo y el bolchevismo han dejado perplejos y confusos. La humanidad se enfrenta al mal e ignora no sólo lo que se halla ante ella, sino que tampoco tiene la menor idea de cómo debe reaccionar. Y aunque supiera responder, seguiría sin comprender "cómo ha podido suceder esto". Con manifiesta ingenuidad, un estadista afirma que no tiene "imaginación para el mal". Efectivamente, no hay imaginación para el mal porque es el mal el que tiene a la humanidad. Unos quieren permanecer ignorantes mientras que otros están identificados con el mal. Esta es la situación psicológica del mundo actual. Hay quienes se llaman cristianos y creen que pueden aplastar el mal a voluntad; otros, en cambio, han sucumbido al mal y ni siquiera pueden ver el bien. El mal ha terminado convirtiéndose en un poder visible. La mitad de la humanidad crece en el seno de una doctrina basada en la especulación mientras la otra mitad enferma por falta de un mito adecuado a la situación. El pueblo cristiano ha llegado a un callejón sin salida, la cristiandad dormita y hace siglos que olvidó revitalizar sus mitos.

El mito cristiano ha enmudecido y ha dejado de dar respuestas a las preguntas actuales. Como afirman las sagradas escrituras, la culpa no es suya sino exclusivamente de la humanidad, ya que no sólo ha dejado de desarrollarlo sino que ha reprimido todos los intentos realizados en ese sentido. La versión original del mito ofrece un amplio punto de partida y múltiples posibilidades de desarrollo. Al mismo Cristo, por ejemplo, se le atribuyen las siguientes palabras: "Sed astutos como las serpientes y mansos como las palomas". Pero ¿para qué se necesita la astucia de las serpientes y qué tiene que ver ésta con la inocencia de las palomas?

La cristiandad sigue sin responder a la antigua pregunta gnóstica "¿De dónde proviene el mal?", y la cauta insinuación de Orígenes de la posible redención del mal sigue siendo calificada como herética. Hoy la humanidad se ve obligada a reformular esta pregunta pero sigue con las manos vacías, desconcertada y confusa, y ni siquiera puede explicarse que —a pesar de la urgencia con la que lo necesita— no existe ningún mito que pueda ayudarla. La situación política y los aterradores —por no decir diabólicos— avances de la ciencia despiertan secretos estremecimientos y oscuros presagios. Pero se ignora la forma de salir de esta situación y hay muy pocas personas que crean que la posible solución descanse en el alma del ser humano.

De la misma manera que el Creador es completo también lo es Su criatura, Su hijo. El concepto de totalidad divina es global y nada puede separarse de Él. No obstante, sin ser conscientes, la totalidad se escindió y de esa división se originó el mundo de la luz y el mundo de las tinieblas. Esta situación, como puede advertirse en la experiencia de Job o en el ampliamente difundido Libro de Enoc (pertenecientes al período inmediatamente precristiano), estaba claramente prefigurada antes incluso de la aparición de Cristo. El cristianismo perpetuó posteriormente esta escisión metafísica. Satán —que en el Antiguo Testamento pertenecía todavía al entorno próximo a Jehová— constituyó a partir de entonces el polo eterno diametralmente opuesto al mundo divino. No se le podía extirpar. No debe, por tanto, sorprender que ya en los mismos comienzos del siglo XI apareciera la creencia de que el mundo no era una creación divina sino diabólica. Esta ha sido la nota predominante que ha caracterizado a la segunda mitad del eón cristiano, después de que el mito de la caída de los ángeles explicase que eran esos ángeles caídos los que habían enseñado al hombre el peligroso conocimiento de la ciencia y del arte. ¿Qué hubieran dicho esos viejos narradores de haber presenciado el desastre de Hiroshima?

Abrazando Nuestra Oscuridad

El misterio del mal y su relación con el bien constituye un enigma que ha desconcertado a la humanidad desde tiempos inmemoriales. La investigación científica, si bien puede arrojar cierta luz sobre este asunto, a menudo agrega más confusión a la ya existente debido a la complejidad y el entrelazamiento de las piezas de este rompecabezas. Dada la magnitud del problema, sería poco realista esperar una comprensión completa; en el mejor de los casos, sólo se puede aspirar a vislumbrar una pequeña parte de la imagen global. Como sucede con cualquier indagación prematura, la investigación científica suele generar más interrogantes que respuestas.

En esencia, el problema del mal no puede desligarse del problema del bien, ya que sin la existencia de la bondad, difícilmente podría plantearse la cuestión del mal. Es curioso que se pregunte con frecuencia por qué existe tanto mal en el mundo, pero rara vez se indague sobre la razón de la presencia del bien. Pareciera que se asume que el mundo es inherentemente bueno y que, de alguna manera, ha sido contaminado por el mal. Sin embargo, desde la perspectiva de las leyes naturales, el mal resulta más fácil de explicar que el bien, pues la física nos enseña que las cosas tienden al deterioro. Lo que realmente desafía la explicación es la evolución de la vida hacia formas cada vez más complejas. Además, es fácilmente observable que los niños mienten, roban y engañan, aunque algunos de ellos se conviertan en adultos íntegros. La pereza, por otro lado, es mucho más común que la diligencia. Considerando todo esto, la bondad se presenta como un misterio aún mayor que la maldad. Si se reflexiona seriamente al respecto, quizás habría que reconsiderar la creencia de que el mundo es naturalmente bueno y que ha sido "contaminado" misteriosamente por el mal.

El acto de nombrar algo nos otorga cierto poder sobre lo nombrado, ya que al conocer su nombre, se logra una comprensión parcial de las dimensiones de esa fuerza. Sólo cuando se siente seguridad, es posible permitirse el lujo de cuestionar y acercarse a aquello que se desea conocer.

Para abordar este tema, es crucial distinguir entre el mal y el pecado. Las personas malvadas no se caracterizan principalmente por sus pecados, sino por la sutileza, persistencia y consistencia de los mismos. El principal defecto del mal no radica en el pecado en sí, sino en la negativa a reconocerlo.

Las personas malvadas pueden pertenecer a cualquier estrato socioeconómico y nivel educativo; no presentan características inusuales. A menudo, no son criminales, sino "ciudadanos respetables": maestros, policías, banqueros y miembros de asociaciones de padres de familia.

Surge entonces la pregunta: ¿cómo pueden ser malvados si no son criminales? Si bien es cierto que cometen "crímenes" contra la vida y la vitalidad, sus acciones suelen ser tan sutiles y silenciosas que difícilmente podrían calificarse como delitos, a menos que alcancen un poder político extraordinario que les exima de las limitaciones ordinarias, como en el caso de Hitler.

La experiencia de trabajar en cárceles con criminales revela que rara vez se encuentra a personas verdaderamente malvadas en ese entorno. Esto no implica negar su destructividad o su tendencia a la reincidencia, sino simplemente señalar que su destructividad suele ser fortuita. Además, aunque nieguen su responsabilidad ante la autoridad, suelen ser sinceros al respecto. Desde su perspectiva, el hecho mismo de estar encarcelados es una prueba de su "honestidad criminal". Para ellos, la verdadera maldad se encuentra fuera de la cárcel. Si bien estas declaraciones de inocencia son autojustificaciones, a menudo encierran verdades notables.

Los delincuentes habituales suelen tener algún diagnóstico psiquiátrico que abarca desde la locura hasta la impulsividad, la agresividad y la falta de conciencia moral. En cambio, las personas malvadas no presentan defectos tan manifiestos ni encajan claramente en las categorías nosológicas de la psiquiatría. Esto no significa que su maldad sea saludable, sino simplemente que aún no se ha desarrollado una definición precisa de su enfermedad.

Además de distinguir entre personas malvadas y delincuentes habituales, es importante diferenciar entre las malas acciones y la maldad como rasgo de personalidad. El hecho de que una persona cometa malas acciones no necesariamente implica que sea malvada. Todos realizamos malas acciones en algún momento sin que eso signifique que seamos inherentemente malvados.

Pecar podría definirse como "no dar en el blanco", es decir, fracasar en el intento de ser intachables de manera constante. Este intento está condenado al fracaso, ya que normalmente no actuamos de la mejor manera posible y, por lo tanto, con cada fracaso cometemos un crimen, ya sea contra Dios, nuestros semejantes, nosotros mismos o la ley. Aunque existan crímenes de mayor o menor magnitud, sería un error considerar que el pecado o el mal es una cuestión de grado.

Tanto estafar al rico como al pobre constituye una estafa, independientemente de las diferencias que establezca la ley entre defraudar a un empresario, falsear la declaración de impuestos, copiar en un examen, ocultar una infidelidad con la excusa del trabajo o mentir sobre la falta de tiempo para realizar una tarea doméstica. Algunas acciones pueden ser más excusables que otras, o tener circunstancias atenuantes, pero todas implican una mentira y una traición. Incluso aquellos que se consideran escrupulosos y evitan estas acciones, si son sinceros consigo mismos, admitirán haberse mentido o engañado a sí mismos, o haber hecho las cosas peor de lo que podrían haberlas hecho, lo cual también es una forma de autotraición. Es un hecho indiscutible que todos somos pecadores.

Si la ilegalidad de las acciones y la magnitud de los pecados no son elementos concluyentes, ¿cuál es el rasgo distintivo de las personas malvadas? La respuesta radica en la perseverancia de sus pecados que, aunque sutiles, no son menos destructivos. Las personas malvadas son aquellas que se niegan rotundamente a admitir sus propios pecados.

Existen diversos tipos de personas malvadas. Su negativa a reconocer su culpabilidad convierte a la maldad en un pecado incorregible. Hay personas muy ruines, tan despreciables que incluso sus "regalos" están envenenados. En "The Road Less Traveled" se afirma que el principal pecado es la pereza. Sin embargo, se argumentará que es la soberbia, ya que todos los pecados pueden corregirse excepto los que se cometen sin ser conscientes de ellos. Si bien este es un tema discutible, lo cierto es que todos los pecados implican alguna forma de engaño que nos aísla de lo divino y de nuestros semejantes. Como dijo un pensador religioso, cualquier pecado "puede curtirse en el infierno".

Un rasgo particular de la conducta de las personas malvadas es el fenómeno del chivo expiatorio. En su fuero interno, se consideran libres de todo reproche y, por lo tanto, no dudan en atacar violentamente a quienes les critican. Para mantener su imagen de perfección, terminan sacrificando a los demás. Un ejemplo ilustrativo es el caso del niño de seis años que pregunta a su padre: "¿Papá, por qué llamas puta a la abuela?". El padre reacciona con furia, regañando al niño por molestarlo y acusándolo de decir palabrotas. Luego, lo arrastra hasta el lavabo y le lava la boca con jabón, perpetrando una acción malvada en nombre de la "disciplina".

El fenómeno del chivo expiatorio opera a través de un mecanismo que los psiquiatras denominan proyección. El sujeto se siente tan intachable que atribuye cualquier problema al mundo externo. Al negar su propia maldad, la proyecta sobre los demás y percibe que los malvados son los otros. Estas personas nunca ven su propia maldad y, por lo tanto, sólo la advierten en los demás.

En el ejemplo mencionado, el padre sólo se percató de las palabrotas de su hijo y lo castigó en consecuencia, sin darse cuenta de que él mismo era el blasfemo y proyectó su sombra sobre el niño, castigándolo en nombre de la buena educación.

El fenómeno del chivo expiatorio suele ser una de las principales manifestaciones de la maldad. En "The Road Less Traveled" se define al mal como "un ejercicio de poder político -es decir, una imposición abierta o encubierta sobre los demás- para evitar [...] su crecimiento espiritual". En otras palabras, la persona malvada ataca a los demás en lugar de enfrentar sus propios defectos. El crecimiento espiritual requiere tomar conciencia de la propia necesidad de crecer, y si no se hace, no queda más alternativa que intentar erradicar toda evidencia de imperfección.

Por paradójico que parezca, la destructividad de las personas malvadas radica precisamente en su intento de destruir el mal. El problema es que se equivocan en la ubicación del locus del mal. En lugar de atacar a los demás, deberían ocuparse de destruir su propia enfermedad. Como la vida amenaza con frecuencia su autoimagen de perfección, dedican todas sus fuerzas a odiar y tratar de destruir la vida en nombre de la justicia. El verdadero problema no es tanto que odien la vida, sino que no aborrezcan al pecador que albergan en su interior.

La causa de esta dificultad para odiarse a sí mismos, de esta imposibilidad de degradarse uno mismo que parece ser el pecado capital por excelencia, la raíz de la conducta malvada, no radica en una falta de conciencia. Hay personas, tanto dentro como fuera de la cárcel, que carecen de toda conciencia moral o superego. Los psiquiatras los denominan psicópatas o sociópatas. Su ignorancia los lleva a cometer todo tipo de crímenes con una especie de negligencia temeraria. Sin embargo, su criminalidad no parece estar especialmente motivada por el fenómeno del chivo expiatorio. La inconsciencia de los psicópatas les hace despreocuparse de casi todo, incluso de su propia criminalidad. Parecen estar igual de felices dentro que fuera de la cárcel. Rara vez intentan encubrir sus crímenes y, cuando lo hacen, sus esfuerzos son débiles, indiferentes y mal planificados. Este tipo de individuos ha sido calificado de "imbécil moral", y su despreocupación a veces roza la inocencia.

Nada de esto ocurre en el caso de las personas malvadas. Estas personas están totalmente consagradas a alimentar su imagen de perfección y se esfuerzan constantemente por mantener su reputación de pureza moral. Esta es su principal preocupación. Son muy sensibles a las normas sociales y a lo que los demás puedan pensar de ellos. Se visten bien, son puntuales en su trabajo, pagan sus impuestos y externamente parecen vivir de manera irreprochable.

Estas personas están muy preocupadas por todo lo relacionado con la "imagen", la "apariencia" y el "exterior". Carecen de motivación para ser buenas, pero están obsesionadas con parecer buenas. Su "bondad" no es más que una apariencia, una mentira. Por eso se les suele llamar "personas de mentiras". Su mentira no consiste tanto en engañar a los demás como en engañarse a sí mismas. No pueden -o no quieren- tolerar el sufrimiento que supone desaprobarse a sí mismas. Por ello, viven con un decoro que les permite contemplar el reflejo de su propia compostura. Pero si carecieran de todo sentido de lo que está bien y lo que está mal, no sería necesario que se engañaran a sí mismas. Sólo se miente cuando se intenta ocultar algo que se sabe que no es correcto. Para mentir, se debe tener algún tipo de conciencia moral, aunque sea rudimentaria. Si no se sintiera que algo está mal, no habría necesidad de ocultar nada.

Se presenta entonces una curiosa paradoja. Se ha afirmado que las personas malvadas se creen perfectas y que, en cierto sentido, tienen conciencia de su propia maldad. En realidad, es precisamente de esta sensación de la que intentan huir desesperadamente. Así, el componente fundamental de la maldad no es tanto la ausencia de toda sensación de pecado o imperfección, sino la incapacidad absoluta de tolerar esa sensación. A diferencia de la carencia total de conciencia moral del psicópata, las personas malvadas están permanentemente obsesionadas con esconder su maldad bajo la alfombra de su conciencia. Su problema no radica en una falta de conciencia moral, sino en su empeño en negarla. Es el intento de huir de sí mismas lo que las transforma en malas personas. La perversidad no es una acción directa, sino la consecuencia indirecta de un proceso de ocultamiento. El mal no se origina en la ausencia completa de culpa, sino en los esfuerzos por huir de ella.

Por lo tanto, el mal puede reconocerse por el disfraz tras el que se oculta. Es más fácil descubrir la mentira que el delito que pretende ocultar, la coartada antes que el crimen. Se percibe la sonrisa que esconde el odio, la zalema que encubre la furia y el guante de terciopelo que oculta el puñetazo. Pero los disfraces son tan variados que resulta casi imposible determinar con precisión la malignidad del mal. El disfraz suele ser impenetrable, y sólo se pueden percibir vislumbres de "este juego inconsciente del escondite en el que el alma del individuo huye, se esconde y escapa de sí misma".

En "The Road Less Traveled" se señala que toda enfermedad mental se asienta en la pereza y el deseo de escapar del "sufrimiento legítimo". Aquí también se habla de evitar y escapar del dolor. Por consiguiente, lo que distingue a las personas malvadas del resto de los seres humanos - pecadores mentalmente enfermos- es el tipo de dolor del que intentan huir. No se trata de personas perezosas ni están tratando de escapar del sufrimiento en general, sino que, por el contrario, realizan un esfuerzo continuo sobre sí mismas para alcanzar y mantener su imagen de personas respetables. Su ansiosa búsqueda de estatus las predispone a superar todo tipo de obstáculos. El único sufrimiento que no pueden tolerar es el que procede de su propia conciencia, el dolor de reconocer sus pecados e imperfecciones.

Esta incapacidad de afrontar el sufrimiento que les produce la toma de conciencia de sí mismas hace que estas personas sean extraordinariamente refractarias al trabajo psicoterapéutico. El mal odia la luz: la luz de la bondad que las pone en evidencia, la luz del escrutinio que las deja en entredicho, la luz de la verdad que las hace caer en cuenta de su propia ilusión. La psicoterapia es un proceso iluminador por excelencia. Es por ello que, excepto en casos sumamente complicados, una persona malvada considera la autoobservación como una especie de suicidio y elegirá cualquier otra alternativa antes que acostarse disciplinadamente en el sofá del psicoanalista. Esta es precisamente la razón más poderosa para explicar el hecho de que se sepa científicamente tan poco sobre el mal, ya que las personas malvadas son extraordinariamente reacias a ser estudiadas.

Integrando Nuestros Demonios

El mal ha sido un tema recurrente en la psicología, abordado por destacados pensadores como Freud, Jung, Fromm, May, Menninger, Lifton y más recientemente, M. Scott Peck. Freud planteó la existencia de un conflicto constante entre los instintos de vida (Eros) y muerte (Thanatos), donde el mal siempre prevalece. Por su parte, Jung empleó el concepto nietzscheano de "sombra" para referirse a la maldad individual, reservando el término "mal" para la maldad colectiva. Según esta perspectiva, arraigada en el individualismo protestante suizo, el origen de lo negativo y lo malo no radica en la cultura, sino en la actitud moral del individuo.

Rollo May -Psicólogo existencialista estadounidense, enfocado en la ansiedad y la alienación-. al igual que Peck, sostuvo que en Estados Unidos se tiene una comprensión limitada de la verdadera naturaleza del mal, lo que dificulta la capacidad para enfrentarlo. May se hizo eco de la advertencia de Jung a Europa sobre la necesidad de aprender a controlar el mal, ya que permanecerá presente a pesar de las dificultades para convivir con él sin sufrir sus terribles consecuencias. May consideró inadecuado el término "diablo" por proyectar el poder fuera del yo y abrir las puertas a proyecciones psicológicas. En su lugar, siguiendo a Paul Tillich -Teólogo y filósofo alemán-estadounidense, integró existencialismo y cristianismo- , propuso la noción de "daimon". Peck, por su parte, desde un enfoque teológico y espiritual cristiano, distingue entre maldad humana y demoníaca, considerando la primera como una forma de narcisismo maligno y la segunda como resultado de la posesión por demonios o Satán, cuyo tratamiento es el exorcismo.

El concepto junguiano de sombra y el modelo de May de lo daimónico han abierto camino hacia una psicología más comprensiva del mal. Los demonios han sido históricamente considerados como la causa y personificación del mal, sirviendo de receptáculo para impulsos y emociones amenazantes e inaceptables. Sin embargo, Freud señaló que estos demonios cumplían funciones en el proceso de duelo y, una vez integrados, eran reverenciados como ancestros y fuente de ayuda en momentos difíciles. Jung, por su parte, los concibió como irrupciones espontáneas de complejos inconscientes que perturban el pensamiento y la acción, siendo considerados en la antigüedad y la Edad Media como causa de trastornos neuróticos agudos.

El enfoque cartesiano, al separar mente y cuerpo, sujeto y objeto, rechazó los fenómenos subjetivos "irracionales" y consideró real solo lo objetivamente mensurable. Aunque esto permitió desembarazarse de supersticiones y criaturas míticas, May advirtió que también empobreció la vida y rompió la armonía con la naturaleza y con uno mismo. Jung concluyó que las poderosas fuerzas arquetípicas del inconsciente poseen una energía específica que, en determinadas circunstancias, se convierte en una fuerza posesiva u obsesiva, siendo apropiado concebirlas como daimones.

May utiliza el concepto griego de daimon para elaborar su modelo de lo daimónico, definiéndolo como cualquier función natural que puede dominar la totalidad de la persona, convirtiéndose en un acicate para la creación o en un terremoto destructivo. Cuando un fragmento usurpa el control de la personalidad, se produce una "posesión daimónica", término tradicional para la psicosis. Lo daimónico no es una entidad, sino una función arquetípica fundamental de la experiencia humana.

En la Grecia prehelénica y en Egipto, los demonios formaban parte de una colectividad anónima, siendo tanto malignos como creativos, destructivos y fuente de orientación espiritual. Durante la época helenística y cristiana, se acentuó la división dualista entre los aspectos positivos y negativos de los daimones, llegando a una población celestial dividida en ángeles y diablos. May sostiene que es imposible conquistar a los diablos y demonios destruyéndolos, sino que es necesario aceptarlos y asimilar lo que simbolizan en el yo y en la vida cotidiana.

En la actualidad, el concepto de diablo ha perdido su autoridad, pero el problema del mal personal y colectivo sigue presente en forma de violencia y agresividad. May considera la violencia como una deformación de lo daimónico, una "posesión demoníaca" en su aspecto más despiadado, resultado de la clausura de los canales normales de expresión de lo daimónico. La proliferación de cultos satánicos refleja la emergencia de este antiguo símbolo, acompañado de una fascinación mórbida por el diablo y la demonología, como un intento erróneo de establecer contacto con lo transpersonal y dar sentido a la vida.

Se necesita una nueva concepción de la realidad encarnada por el diablo, que englobe también los aspectos creativos de este poder elemental. La palabra "diablo" procede del griego "diabolos", que significa "desgarrar", mientras que su antónimo "simbólico" significa "reunir". Lo simbólico integra al individuo consigo mismo y con el grupo, mientras que lo diabólico lo desintegra y separa. Ambas facetas están presentes en lo daimónico.

El modelo de May de lo daimónico busca contrarrestar el dogmatismo y la deshumanización del concepto junguiano de sombra, evitando la proyección del mal sobre un fragmento autónomo de la personalidad y conservando la decisión de trabajar a favor o en contra de la integración del yo. Considerar lo daimónico como algo maligno conduce a reprimirlo o excluirlo de la conciencia, potenciando las erupciones violentas y las psicopatologías. En su lugar, se debe integrar constructivamente lo daimónico en la personalidad y participar positivamente en el proceso de la creatividad.

Jung aprendió, a través de su encuentro personal con lo daimónico, la enorme responsabilidad que implica. Logró superar la emergencia abrumadora de material inconsciente mediante un compromiso casi religioso con la imaginación activa, la observación y el registro escrupuloso de su experiencia subjetiva. Esta decisión consciente y deliberada lo convirtió en un "hombre daimónico".

La noción de daimon de May abarca e integra los conceptos junguianos de sombra, yo, anima y animus, sin establecer las distinciones que hace Jung entre ellos. Sin embargo, la noción unificadora de sombra ayuda a reconciliar la fragmentación impuesta por el conflicto entre opuestos, obligando a reconocer la totalidad del ser, que engloba el bien y el mal, lo racional y lo irracional, lo masculino y lo femenino, lo consciente y lo inconsciente.

La psicoterapia es uno de los caminos posibles para llegar a un acuerdo con lo daimónico. Al asumir los "demonios" internos, simbolizados por las tendencias más temidas y rechazadas, estos se transmutan en útiles aliados, en energía psíquica renovada y apta para propósitos más constructivos. Este proceso de descubrimiento puede llevar a la paradoja con la que se encuentran muchos artistas: lo que antes se había negado y rechazado se convierte en la verdadera fuente redentora de la vitalidad, la creatividad y la espiritualidad.

Negando Nuestra Animalidad

Los psicoanalistas Otto Rank, Wilhelm Reich y Carl Jung, a pesar de sus marcadas diferencias teóricas y estilísticas, coinciden en un punto fundamental: el origen de la maldad en el ser humano. Esta convergencia no es fruto del azar, sino el resultado de rigurosas investigaciones científicas que respaldan sus hallazgos.

Rank sugiere que el principal anhelo del ser humano es perdurar y alcanzar cierta forma de inmortalidad. Consciente de su mortalidad, el hombre busca negarla, pues la muerte le vincula con los aspectos oscuros y animales de la existencia. Al desarrollar formas de poder más sofisticadas, las utilizó como instrumento de venganza contra los animales, representantes de aquello que más temía: la muerte anónima e impersonal.

El edificio conceptual de Rank se sustenta en el miedo del ser humano a la vida y a la muerte, cuyo origen es inconsciente. Freud y el psicoanálisis descubrieron que ambos miedos son equivalentes. La represión sepulta estos temores en las profundidades del psiquismo, confiriendo una apariencia de normalidad a la existencia. Sin embargo, la articulación simbólica de la cultura, según Rank, constituye un antídoto contra el temor ancestral a la muerte, generando una ilusión de perdurabilidad más allá del cuerpo.

Wilhelm Reich, por su parte, postula que el sufrimiento humano se origina en el intento de negar la propia naturaleza animal y ser algo distinto. Esta negación es la raíz de las enfermedades psicológicas, la crueldad y la guerra. Reich explica el fascismo como resultado de la predisposición humana a confiar su destino a un líder o al estado, seducidos por la promesa de un nuevo mundo y la elevación sobre el destino natural.

Sin embargo, este nuevo orden trajo consigo un sufrimiento masivo y constante, desconocido en las sociedades primitivas. Al renunciar a la responsabilidad personal y entregarla a estructuras de poder representativas de la inmortalidad, el ser humano atrajo nuevas plagas. Reich denomina a los políticos "traficantes de plagas" por mentir sobre las posibilidades reales y embarcar a la humanidad en sueños inalcanzables.

La teoría alemana del superhombre, o cualquier otra que proclame la superioridad de un grupo, se origina en el intento fútil de separarse de los animales. Se requiere declarar que un grupo es el mejor, portador de valores eternos, mientras que otros son los verdaderos animales que contaminan y debilitan la fortaleza. Partiendo de estas nociones, se emprenden cruzadas de exterminio para purificar el mundo.

Reich cuestiona por qué se ignoran los nombres de los verdaderos benefactores de la humanidad, mientras que hasta los niños conocen a los líderes de las plagas políticas. La respuesta radica en que las ciencias naturales recuerdan al ser humano que no es más que un gusano en el universo, mientras que los políticos insisten en que es un ser portador de valores morales. El hombre conoce mejor a los políticos porque desprecia su naturaleza y rechaza que se le recuerde su esencia de animal sexual.

La obra de Jung, con su peculiar estilo científico-poético, introduce el concepto de "sombra" como síntesis de estas complejas investigaciones psicológicas. La sombra representa el sentimiento de ser una criatura inferior, algo que el individuo desea negar vehementemente. Es el lado oscuro de la mente, un sentimiento de mezquindad real del que apenas se tiene una leve sospecha.

El ser humano busca despojarse de su sentimiento de inferioridad, "saltar por encima de su propia sombra", y el modo más rápido es atribuir a otros toda la mezquindad, negatividad y culpabilidad. La sombra, en conflicto con los valores conscientes, no puede ser aceptada como parte negativa del propio psiquismo y es proyectada al mundo externo, siendo perseguida y exterminada como un problema ajeno.

La proyección, según Neumann, es un mecanismo ancestral que pone en marcha el fenómeno del chivo expiatorio, permitiendo descargar las fuerzas negativas de la culpabilidad, la inferioridad y la animalidad, proyectándolas al exterior y destruyéndolas simbólicamente. A la luz de estas consideraciones, el genocidio nazi de judíos, gitanos, polacos y otros grupos sólo puede explicarse como una proyección de la sombra. Jung observó, de manera contundente, que "lo único que funciona mal en el mundo es el ser humano".

Navegando Entre Luz y Sombra

Scott Peck afirma que el principal problema del mal no radica en el acto pecaminoso en sí, sino en la negativa a admitir que se ha pecado. Al final, todo aquello que no se afronta acaba sorprendiendo desagradablemente. Por lo tanto, sólo cuando se acumule la energía suficiente para reconocer las imperfecciones de la condición moral, se podrá dejar de estar poseído por los demonios.

En la obra Moby Dick, la búsqueda de la ballena blanca por parte del capitán Ahab representa alegóricamente el camino de la guerra. En contraste, el cuento El polizón de Joseph Conrad -novelista polaco-británico, conocido por su obra 'El corazón de las tinieblas'-, , que también trata sobre una embarcación y las relaciones de su capitán con su lado oscuro, constituye una alegoría del camino de la paz.

Según Esther Harding -Psicoanalista y colaboradora de Jung, trabajó en la integración de lo femenino-, el relato de Conrad es una reflexión sobre la sombra. El polizón narra la historia de un extranjero desnudo, un oficial que ha asesinado a uno de sus hombres por desobedecer una orden, que aborda un barco mientras el capitán está de guardia. Desde el momento en que el capitán oculta al misterioso personaje, una sensación de desasosiego e inquietud parece apoderarse de la antes tranquila embarcación. En un momento crucial, el capitán está a punto de cometer un acto tan violento como el perpetrado por su enigmático pasajero. Cuando se percata de que él también podría ser un asesino, se disipa la tensión que pesaba sobre la nave.

Es entonces, y solo entonces, cuando el desconocido regresa al océano del que había surgido de manera inexplicable. A partir de ese instante, el barco y su inexperto capitán emprenden el viaje de regreso impulsados por vientos propicios.

Mientras se crea que todos los males residen en el exterior, la nave, al igual que la del capitán Ahab, se verá amenazada por la fatalidad. En cambio, cuando se tome conciencia de que la capacidad de hacer el mal también habita en el interior de cada uno, será posible hacer las paces con la sombra y el barco podrá navegar a salvo de las adversidades.

Es evidente que la maldad y la enemistad no son un asunto exclusivamente interno, ya que también se puede observar su presencia en el exterior. Sin embargo, al igual que la discordia, la conciliación puede manifestarse en cualquier momento. La fragmentación contribuye a la locura, pero cualquier acercamiento hacia la salud fomenta la creación de un orden más completo. Así, si se desea trascender las fronteras que dividen el amenazado planeta, es necesario prepararse para superar la escisión que anida en el corazón mismo del ser humano.

Un relato jasídico cuenta que el día del Sabbath, el hijo de un rabí acudió al servicio religioso de una población cercana. Al regresar, su familia le preguntó si allí hacían algo diferente a lo que ellos hacían. El hijo respondió afirmativamente. Sorprendidos, le preguntaron qué había aprendido. "Ama a tu enemigo como a ti mismo", replicó. La familia le dijo que eso era lo mismo que ellos enseñaban y le cuestionaron por qué decía haber aprendido algo nuevo. Finalmente, el hijo respondió: "Me enseñaron a amar a los enemigos internos".

La reconciliación con los enemigos internos no implica la eliminación de los adversarios externos, pero sí modifica la relación con ellos. Para alcanzar la paz, será necesario realizar un doloroso esfuerzo espiritual. Solo entonces se dejará de considerar que la maldad es algo diabólico y se comenzará a relacionar con ella en términos mucho más humanos. Este es, en definitiva, el camino de la humildad.

La oscuridad reside en el corazón de todo ser humano. Puede resultar reconfortante creer que los seres humanos más destructivos pertenecen a una raza diferente, como una especie de demonios. Solo así se puede comprender que un escritor alemán subrayara la inutilidad de intentar entender la conducta de Hitler, afirmando que tal intento equivaldría a tratar de comprender a un demente en términos de experiencia humana. Sin embargo, resulta más acertada la opinión de un periodista alemán que afirmaba: "Desde el principio sabíamos que Hitler era uno de nosotros. No debemos olvidarlo". En efecto, Hitler era un ser humano, uno más entre nosotros, y aunque la proyección pueda brindar cierto alivio, no se puede seguir ignorando que el auténtico camino hacia la paz pasa por reconocer que incluso el más diabólico de los enemigos no deja de ser tan humano como cualquier otro.

Es la propia escisión interna la que genera la hostilidad entre el bien y el mal. Solo cuando se comprenda que el antagonismo es precisamente la causa de la maldad, se descubrirá una nueva dinámica moral que haga posible la paz. Mientras la moral siga basándose en el modelo bélico, será necesario elegir un bando, identificarse con una parte de uno mismo y repudiar a la otra. De este modo, todos los intentos fracasarán como el tratar de elevarse tirando de los cordones de los propios zapatos.

Es lamentable que los "pacifistas" compartan con frecuencia el mismo modelo ético que los belicistas. Así, se colocan a sí mismos en el papel de personas virtuosas que solo desean la paz y consideran a los belicistas como una especie de demonios sedientos de sangre. Pero los belicistas también protegen de peligros muy reales y los "amantes de la paz", por su parte, pretenden imponer sus opiniones sobre las de sus "enemigos". De este modo, lo único que se consigue es mantener el imperio de la violencia enmascarándolo detrás de la bandera de la paz.

En el libro Gandhi's Truth, Erik Erikson -Psicólogo germano-estadounidense, conocido por su teoría sobre las etapas del desarrollo humano-, ayuda a esclarecer algunas de las trampas que acechan en el camino de la paz. Gandhi constituye, con todo merecimiento, un héroe del movimiento pacifista del siglo XX. El libro de Erikson es un tributo de admiración. La figura semidesnuda de Gandhi encarna la sencillez de espíritu y enseña a apelar a la bondad de los adversarios sin convertirlos en demonios. Su ejemplo señala el camino para detener la escalada vertiginosa de la violencia mediante la decisión voluntaria de aceptar los agravios sin responder a ellos.

No obstante, como afirmó Erikson en una carta abierta dirigida a Gandhi, el obstinado esfuerzo del mahatma por alcanzar la perfección moral constituye también una evidencia de su dimensión sombría. Según Erikson, la relación que Gandhi sostenía consigo mismo entrañaba un tipo de violencia que le llevó a establecer relaciones de dominio y explotación con las personas que le rodeaban. En opinión de Erikson, el combate que Gandhi sostuvo consigo mismo para alcanzar la santidad es la herramienta que mantiene cautivos del yugo de la violencia.

Erikson prosigue diciendo que mientras se siga siendo incapaz de aplicar la no violencia (satyagraha) a la maldad que se asienta en el interior y se siga temiendo a los instintos, no se hará más que marchitar la sensibilidad, se correrá el riesgo de convertirse en criaturas doblemente peligrosas y la no violencia tendrá pocas oportunidades de adquirir una relevancia universal.

El argumento central de la tesis de Erikson es que la lucha que Gandhi sostuvo contra su propia sexualidad, una lucha en la que la proyección desempeñó una función muy importante, dañó a otras personas. Cabe hacerse eco de las reservas con las que George Orwell reflexionaba sobre Gandhi: "No cabe duda de que un santo debe evitar el alcohol, la carne, etcétera, pero, de la misma manera, los seres humanos también deben tratar de evitar la santidad". A fin de cuentas, la santidad constituye una identificación exclusiva con los aspectos "virtuosos", en tanto que irremisiblemente opuestos a los aspectos "pecaminosos", y por tanto, sigue alimentando la concepción belicista de la vida.

Gran parte del exceso de violencia que distingue al hombre de los animales, continúa Erikson, son el fruto de métodos educativos pueriles que enfrentan a una parte del ser humano en contra de otras.

Es posible que existan otras alternativas. La bondad puede ser concebida en términos de salud. En inglés, la raíz de la palabra "salud" (health) está relacionada con la de "totalidad" (whole). Desde este punto de vista, la maldad deja de ser algo que se debe destruir violentamente para convertirse en una enfermedad que se debe curar, algo que hay que completar. Solo haciéndose seres completos se hallará el camino que conduce a la paz y al bienestar. Y, para lograrlo, es fundamental reconciliarse con las facetas pecadoras e imperfectas. Erich Neumann -Psicólogo y escritor, contribuyó a la teoría junguiana del inconsciente colectivo-, considera que uno de los principales objetivos terapéuticos de la psicología profunda descansa en acopiar el coraje moral necesario para no tratar de ser ni mejor ni peor de lo que uno realmente es. Erikson, por su parte, finaliza su carta a Gandhi diciendo que, como afirma el psicoanálisis, el satyagraha del mahatma debería contemplar la necesidad de un encuentro terapéutico con uno mismo que permita reconciliarse amablemente con los enemigos internos. Solo de este modo la violencia fragmentadora desaparecerá para dejar paso a la integración.

La bondad no reinará en el mundo cuando haya triunfado sobre el mal, sino cuando el anhelo por el bien deje de estar basado en la derrota del mal. Mientras se siga entregado a la búsqueda exclusiva de la santidad y no se acepte humildemente la condición imperfecta, será imposible alcanzar la verdadera paz. Fue precisamente santa Teresa de Lisieux -Monja carmelita francesa, conocida por su "camino pequeño" hacia la espiritualidad-, quien describió lo difícil que resulta dejar que el espíritu de la paz more en los corazones. "Solo cuando se pueda soportar serenamente el desafío de despreciarse a sí mismo, se será para Jesús el más grato de los refugios".

¿Existe alguna diferencia entre el sí y el no?

¿Hay alguna distinción entre lo bueno y lo malo?

¿Se debe temer lo que otros temen?

¡Qué absurdo!

Tener y no tener son las dos caras de una misma moneda.

Lo fácil y lo difícil se complementan mutuamente.

Lo largo y lo breve cooperan entre sí.

Lo alto y lo bajo se sustentan el uno al otro.

El frente y el reverso van siempre juntos.

LAO TSE

Anatomía del Desdoblamiento Nazi

Para comprender la conducta de los médicos nazis, es necesario comenzar clarificando los principios generales de una psicología del genocidio. El mecanismo del desdoblamiento, el artificio psicológico que indujo a los médicos a participar en el mal, merece especial atención. También es preciso identificar aquellas tendencias que, potenciadas e incluso exigidas en Auschwitz, facilitaron este desdoblamiento. La investigación persigue dos objetivos fundamentales: proporcionar una nueva perspectiva sobre las motivaciones y acciones de los médicos nazis en particular, y de los nazis en general, y arrojar luz sobre la conducta humana y la forma en que el ser humano acomete actividades malvadas y destructivas, ya sea de manera individual o colectiva, deliberada o inconscientemente. Estos dos objetivos, aunque aparentemente diferentes, están estrechamente relacionados. De este modo, cualquier conclusión psicológica o moral respecto a las características propias del asesino de masas nazi, obligará a deducir principios de aplicación más universal, principios que aluden al extraordinario peligro y potencial de autoaniquilación que amenaza actualmente a la humanidad.

El principio psicológico fundamental para comprender la actuación de los médicos nazis en Auschwitz reside en el denominado «desdoblamiento», la división del yo en dos totalidades independientes, cada una con suficiente autonomía para funcionar como un yo completo. Este mecanismo permitió a los médicos de Auschwitz no sólo asesinar y ser cómplices en multitud de asesinatos, sino también mantener una estructura egoica que pusiera todos los aspectos de su conducta al servicio de ese proyecto maligno.

El desdoblamiento fue, por tanto, el vehículo psicológico que permitió a los fáusticos médicos nazis establecer un pacto con su entorno diabólico, otorgándoles el privilegio psicológico y material de una adaptación privilegiada a cambio de su participación en el holocausto. Somos los únicos responsables morales de los pactos fáusticos que establezcamos, tengan éstos lugar de manera consciente o inconsciente. La investigación sobre el desdoblamiento permitirá comprender también la raíz del mal. Para el médico de Auschwitz, el desdoblamiento era probablemente una forma de elegir el mal.

En términos generales, el fenómeno del desdoblamiento presenta cinco características fundamentales:

1. Supone una relación dialéctica entre dos yoes autónomos y, sin embargo, vinculados entre sí. El médico de Auschwitz necesitaba el yo de Auschwitz para poder seguir funcionando en un entorno tan contrapuesto a sus estándares morales anteriores. Al mismo tiempo, también necesitaba su yo anterior para poder seguir considerándose como un ser humano, como un padre y como un esposo. En esas condiciones, el yo de Auschwitz debía ser autónomo pero tenía que estar, al mismo tiempo, relacionado con el yo original del que se había desgajado.

2. Sigue un modelo holístico. El yo de Auschwitz pudo «triunfar» porque era inclusivo y permitía conectar con el entorno de Auschwitz, dando sentido y coherencia a diversos aspectos y mecanismos.

3. Encierra una dimensión vida/muerte. Para el agresor, el yo de Auschwitz constituía una forma de supervivencia psicológica en un entorno dominado por la muerte. Se trataba de un «yo asesino» construido en aras de la salud y la supervivencia.

4. Una de las funciones principales del desdoblamiento es escapar al sentimiento de culpa, ya que ese segundo yo se encarga de llevar a cabo el «trabajo sucio».

5. Supone una dimensión inconsciente y un cambio significativo en el horizonte moral.

La inclusividad del desdoblamiento lo diferencia del mecanismo psicoanalítico tradicional de la «división». Este último suele referirse a un secuestro de una parte del yo para que ese elemento «escindido» deje de responder al entorno o pueda entrar en conflicto con el resto de la personalidad. La división se asemeja a lo que Pierre Janet -Psicólogo francés, pionero en la investigación de la histeria y el subconsciente-, denominaba «disociación». Freud tendía a equiparar ambos términos. Sin embargo, para explicar la autonomía de ese «fragmento» desgajado del yo en las formas de adaptación más estables y duraderas, es necesario encontrar un principio explicativo que tenga en cuenta la totalidad funcional del yo.

El desdoblamiento forma parte del potencial universal del «yo dividido», como lo denominaba William James -Filósofo y psicólogo estadounidense, considerado el padre de la psicología en América-. Este mecanismo es patrimonio de todo ser humano y suele desencadenarse en situaciones extremas, vinculadas generalmente a la muerte. Sin embargo, en ciertas ocasiones, este «yo opuesto» puede llegar a estar peligrosamente fuera de control. Según Otto Rank -

Psicoanalista austriaco, enfocado en la teoría del nacimiento y la creatividad-, ese yo opuesto puede apoderarse lentamente de la personalidad, terminar suplantando al yo original e incluso «hablar» en nombre de toda la persona. En opinión de Rank, este yo opuesto, en realidad nuestra capacidad para el mal, forma parte consustancial del psiquismo humano.

El potencial adaptativo que hace posible el desdoblamiento es inherente al psiquismo humano y puede servir tanto para salvar la vida de un soldado en combate como la de una víctima de la barbarie de Auschwitz. Para sobrevivir en situaciones tan extremas, el sujeto debe sufrir algún tipo de desdoblamiento. La función de este «yo adverso» es potenciar la vida, pero en ciertas condiciones puede fomentar una entrega incondicional al mal.

El mecanismo del desdoblamiento que permitía a los médicos nazis eludir el sentimiento de culpa no tenía lugar mediante una eliminación de la conciencia, sino con lo que podría denominarse una transferencia de conciencia. Los requerimientos morales eran transferidos al yo de Auschwitz, que operaba con sus propios criterios morales, liberando así al yo original de toda responsabilidad por sus acciones. Rank equipara al yo opuesto con una «forma del mal que representa el aspecto perecedero y mortal de la personalidad». El yo de los médicos de Auschwitz asumía las consecuencias de su propia muerte, pero seguía proyectando al mal para no tomar conciencia de su «aspecto perecedero y mortal», para hacer el «trabajo sucio» de todo el yo y convertir ese trabajo en algo «apropiado», protegiendo así al resto de su personalidad de tomar conciencia de su propia muerte y culpabilidad.

En el desdoblamiento, una parte del yo «rechaza» a otra. Pero lo que se repudia no es la realidad misma, sino el significado de esa realidad. El médico nazi era consciente de sus decisiones, pero no las interpretaba como un asesinato. Esta negación tenía dos facetas: la distorsión que el yo de Auschwitz hacía del significado del asesinato y la desvinculación del yo original de todas las acciones llevadas a cabo por el yo de Auschwitz. Desde el mismo momento de su aparición, el yo de Auschwitz atentaba contra la imagen que tenían los médicos de sí mismos y requería, por tanto, una represión continua. Ese rechazo, sin embargo, era la sangre misma del yo de Auschwitz.

El desdoblamiento es un proceso psicológico activo, una forma de adaptación a situaciones extremas. La adaptación implica la disolución paulatina del «aglutinante psicológico» para evitar el colapso radical del yo. En Auschwitz, esta pauta fue estableciéndose a lo largo del duro período de adaptación que cada uno de los médicos tuvo que afrontar. Durante ese período, el médico nazi experimentaba la ansiedad de su propia muerte y de equivalentes tales como el miedo a la desintegración, la separación y el éxtasis. Para mitigar su ansiedad, el médico necesitaba del yo funcional de Auschwitz, un yo que asumiera el control cotidianamente, limitando la manifestación del yo anterior a algunos momentos sueltos y a los contactos esporádicos con la familia y los amigos fuera del campo. Ninguno de los médicos del campo se sustrajo a esta usurpación, sino que la acogieron como única forma de mantenerse psicológicamente a salvo. La única alternativa para permanecer en una situación extrema es el desdoblamiento.

Aunque el desdoblamiento no tiene por qué suponer necesariamente una disociación radical y sostenida como la que aqueja a los casos de «personalidad múltiple», en un estadio posterior ambos yoes tienden a separarse cada vez más profundamente, a ignorarse mutuamente e incluso a considerar al otro yo como un extraño. La patología conocida como personalidad múltiple comienza en la primera infancia y persiste de forma más o menos ininterrumpida durante toda la vida. Los factores etiológicos causantes de la personalidad múltiple, como los traumas psíquicos o físicos intensos, el clima de extrema ambivalencia afectiva y los conflictos y confusiones de las identificaciones, son también elementos instrumentales en el caso del desdoblamiento. Resulta relevante en ambos casos el principio de Janet de que «una vez bautizado», es decir, una vez nombrado y confirmado por una autoridad, un yo determinado tiende a manifestarse de manera más clara y definida. Aunque el yo de Auschwitz jamás podía llegar a ser tan estable como un yo de un caso de personalidad múltiple, tuvo que sufrir un bautismo similar en el momento en que los médicos nazis tomaron sus primeras decisiones.

Se ha utilizado la metáfora del árbol para tratar de determinar la profundidad de la «escisión» en los casos de esquizofrenia y personalidad múltiple, una alegoría que también es aplicable al mecanismo del desdoblamiento. Desde esta perspectiva, la quiebra del yo que tiene lugar en la esquizofrenia es similar al resquebrajamiento de un árbol que se ha podrido casi por completo desde la médula hasta las raíces. En los casos de personalidad múltiple, este resquebrajamiento es más concreto y limitado, como ocurre en el caso de un árbol muy robusto que sólo tiene descompuesta la parte superior del tronco. En lo que respecta al desdoblamiento, el problema afecta al nivel más elevado de un árbol cuyas raíces, tronco y ramas no habían experimentado previamente daño alguno. En este caso, una de las dos ramas que se han visto obligadas a separarse se va descomponiendo gradualmente, mientras que la otra sigue creciendo normalmente hasta el momento en que las condiciones externas permiten nuevamente la reunión.

No se considera que el desdoblamiento de los médicos nazis constituyera un «desorden de carácter» antisocial en el sentido clásico del término, ya que dicho proceso tendía a ser más una forma de adaptación que una pauta definitiva. A pesar de ello, el desdoblamiento presenta ciertos rasgos característicos del deterioro «sociopático» del carácter, como los desórdenes emocionales, el rechazo patológico de la sensación de culpa y el uso de la violencia para superar la «depresión encubierta» y poder seguir manteniendo una sensación de vitalidad. En ambos casos, además, la conducta destructiva e incluso criminal puede estar encubriendo el temor a la desintegración del yo.

Los desórdenes propios del fenómeno del desdoblamiento son más puntuales, transitorios y ligados a una estructura institucionalizada mayor que no sólo los alienta, sino que, en ocasiones, puede llegar a exigirlos. En este sentido, la conducta de los médicos nazis se parece a la de algunos terroristas, miembros de la Mafia, «escuadrones de la muerte» organizados por los dictadores y de determinadas bandas delictivas. En todos estos casos existen profundos vínculos ideológicos, familiares, étnicos y, en ocasiones, generacionales que contribuyen a modelar la conducta criminal. El desdoblamiento constituye el mecanismo psicológico más importante que permite al individuo seguir viviendo en una subcultura criminal. Es un mecanismo adaptativo que permite subsistir en las condiciones extremas propias de una subcultura. Pero no deben olvidarse los factores adicionales, algunos de los cuales se remontan a la temprana infancia, que contribuyen positivamente al desarrollo del proceso. Ese fue el caso de los médicos nazis.

Es importante destacar que el desdoblamiento es el mecanismo psicológico que permite invocar la maldad potencial que existe en el yo. El mal no es inherente ni ajeno al ego. Por ello, poner fin al desdoblamiento o potenciarlo es una elección moral de la que se es responsable, cualquiera sea el nivel de conciencia. Así pues, al acceder al desdoblamiento, uno de los factores que permiten explicar la maldad humana, los médicos nazis eligieron fáusticamente el mal.

Criminales: Chivos Expiatorios Sociales

Los criminales encarnan todo aquello que la sociedad rechaza y desea expulsar de su seno. Representan lo opuesto a los valores y conductas aceptadas, lo que se considera indigno e indeseable. Sin embargo, desde la perspectiva de la alquimia, estos individuos marginados constituyen la materia prima, el plomo que debe ser transformado en oro a través de un proceso metafórico.

La alquimia, guiada por Hermes, el dios de los ladrones y los criminales, busca revelar la verdadera naturaleza de la sustancia original. Los delincuentes, en este sentido, son la piedra angular rechazada, aquellos a quienes la sociedad no escucha hasta que confiesan sus faltas. Son ellos, según Rilke, quienes pueden hacer escuchar la bondad, más allá de los discursos moralizantes.

La sociedad proyecta en los criminales todos los rasgos negativos, mientras se considera a sí misma justa y observadora de la ley. No obstante, cabe preguntarse si esta rectitud se debe a una bondad inherente o simplemente al temor al castigo. Los delincuentes, por su parte, se adentran en lo desconocido, más allá de las normas establecidas, en el reino del inconsciente.

El teólogo Sebastián Moore -Monje benedictino y autor, exploró la psicología de la religión-, afirmaba que las transgresiones y los impulsos contra la totalidad exponen al ser humano al amor divino con mayor intensidad que el mero deseo de perfección. Los criminales, al explotar los aspectos ocultos de la naturaleza humana, ponen de manifiesto aquello que la mayoría prefiere negar.

Sin embargo, eliminar a los delincuentes no erradica los vicios de la sociedad, ya que estos encierran algo esencial para la condición humana que debe ser comprendido y trabajado alquímicamente. Jung creía que Dios se halla oculto en la oscuridad y las imperfecciones del ser humano, entrelazado con sus heridas y patologías.

La alquimia permite extraer lo divino de los aspectos más corruptos de la existencia, pero para ello es necesario reconocer primero la propia corrupción, ya sea explícita o implícita. Se trata de transitar el camino del alma, sinuoso y descendente, que conduce a la iniciación en la humanidad auténtica.

El objetivo no es alcanzar una bondad ingenua, sino reconocer la oscuridad interior y asumir la responsabilidad de las acciones y decisiones. Esto implica enfrentar el dolor de conocer los propios límites, odios y deseos, un proceso representado simbólicamente en el cuento del Príncipe y el Dragón.

En este relato, el Dragón, hermano rechazado del Príncipe, reclama su lugar en el mundo y exige ser amado tal como es. Representa la materia prima que busca entrar en el Vaso Hermético para transformarse alquímicamente. Del mismo modo, los criminales y la sociedad deben reconocer y aceptar los aspectos oscuros de la psique para poder evolucionar.

El miedo a enfrentar estas facetas desagradables lleva a la mayoría a pretender una bondad absoluta, pero esto no es suficiente. La transformación auténtica requiere afrontar la muerte simbólica y el desequilibrio que acompañan al cambio integral.

La psicología evolutiva describe las fases necesarias para alcanzar la madurez humana, pero muchos se estancan en los estadios iniciales por no haber aprendido a realizar los sacrificios requeridos. La prisión, en este sentido, puede ser vista como una representación del Vaso Hermético, un espacio de contención donde se espera que los criminales se transformen.

No obstante, no son sólo los delincuentes quienes necesitan someterse a este proceso alquímico, sino la sociedad en su conjunto. Para ello, es necesario que alguien delate las propias faltas y permita ser atrapado en el recinto sagrado del autoconocimiento.

Los criminales, al igual que los sueños, buscan enfrentar al ego cotidiano con la materia prima de la psique. Si se permite que los sueños se manifiesten sin interpretarlos según conceptos previos, pueden proporcionar un acceso al lado oscuro de la mente y transformarlo en oro simbólico.

Por su parte, los delincuentes deben aprender el rol de la víctima y tomar conciencia del daño causado, un proceso que puede curar su fragmentación interior. La sal, elemento conservador, es necesaria para mantener la memoria y evitar que los presidiarios escapen del proceso de transformación.

Considerar al criminal como parte de la propia historia implica abrirle el santuario privado para que despoje de lo superfluo y haga sentir el dolor y la privación. Esto no sólo se aplica al ámbito individual, sino también al planeta entero como Vaso Hermético.

El deseo de erradicar el crimen es, en realidad, el deseo de eliminar el alma, la imperfección y la necesidad de gracia. Se prefiere enviar a otros a realizar el trabajo sucio, como en la teología cristiana donde Cristo expía los pecados de la humanidad, postergando así la crucifixión personal y abortando el proceso alquímico.

Los delincuentes son necesarios para atacar las pautas conceptuales y emocionales que corrompen el alma y llevan a acciones dañinas para la sociedad y el mundo. Deben ser apresados y escuchados, no simplemente encerrados o ejecutados, para poder profundizar la comprensión de los aspectos oscuros y luminosos de la humanidad.

Sacrificar a los criminales, al Tercer Mundo o a las generaciones futuras en aras de la prosperidad inmediata es una forma de inmolación comparable a los rituales aztecas, aunque se pretenda negar esta realidad amordazando la conciencia. El verdadero desafío consiste en abrazar la totalidad del espectro humano y transitar el camino alquímico hacia la transformación integral.

Estaba enojado con mi amigo,

Le expresé mi rabia y ésta terminó.

Estaba enojado con mi enemigo,

No se lo dije y mi rabia fue en aumento.

Noche y día la regué

Con las lágrimas de mi miedo

Y la expuse al sol de mis sonrisas;

Y con sutiles y engañosas artimañas

Siguió creciendo día y noche

Hasta que brotó una brillante manzana

Y mi enemigo percibió su resplandor.

Y supo que era mía,

Y entró furtivamente en mi jardín

Cuando la noche oscurecía el orbe.

A la mañana siguiente, triste, descubrí a mi enemigo, tendido, bajo el árbol.

WILLIAM BLAKE (Poeta y artista inglés)

Sanando con Amor Propio

La sanación de la sombra representa un desafío moral que exige reconocer lo reprimido, percatarse de las formas de represión, las racionalizaciones empleadas, el autoengaño, las metas perseguidas y el potencial daño o destrucción que se podría infligir a otros para alcanzarlas. Además, la curación de la sombra es una cuestión de amor: ¿en qué grado se aceptan los aspectos más abyectos, desagradables y perversos? ¿Cuánta caridad y compasión se muestra ante la propia debilidad y enfermedad? ¿Cuál es la contribución individual a la construcción de una sociedad basada en el amor e inclusiva para todos?

El término "curación de la sombra" enfatiza la importancia del amor, ya que centrarse únicamente en la sanación personal puede derivar en una atención excesiva al ego, fortaleciendo y engordando sus objetivos, que son meros remedos de las metas sociales. Para sanar verdaderamente las debilidades, la obstinación, la ceguera, la insensibilidad, la crueldad y la falsedad, es necesario inventar nuevas formas de convivencia en las que el ego aprenda a escuchar sus aspectos más desagradables, aceptarlos y llegar a amar incluso al más abyecto de ellos.

Amarse a sí mismo implica amar todo lo que hay en el interior, incluso la sombra que genera sentimientos de inferioridad e inaceptabilidad social. Por ello, prestar atención a las facetas más abyectas forma parte del proceso de sanación. Sin embargo, en ocasiones, cuidar de la sombra simplemente significa asumirla. Así, el primer paso crucial en la curación de la sombra consiste en llevarla consigo, tal como hacían los antiguos puritanos o los judíos en su interminable diáspora: tomar conciencia diaria de los pecados, permanecer alerta para que el Diablo no sorprenda, emprender un largo viaje existencial cargando una mochila llena de piedras sin nadie a quien recurrir ni una meta segura que alcanzar. No obstante, es imposible planificar este viaje con el objetivo de adecuar los defectos a las metas del ego, lo que dificulta el amor.

Amar a la sombra requiere aprender a llevarla consigo, pero además es necesario tomar conciencia de la paradoja de esta locura compartida con el resto de la humanidad. Solo entonces se podrá aceptar, caminar e incluso alimentarse de lo rechazado. Por otro lado, el simple amor puede conducir a una identificación con la sombra que convierta al individuo en su víctima. Por eso, no se debe menospreciar la dimensión ética del trabajo con la sombra. La sanación exige, por tanto, el reconocimiento moral de los aspectos más despreciables de uno mismo y la aceptación amorosa y alegre de su existencia. Se trata de una empresa que demanda, simultáneamente, trabajo y entrega, juicio exacto y participación gustosa, moralismo occidental y renuncia oriental.

El misticismo religioso judío, en el que Dios presenta dos rostros: el de la rectitud moral y la justicia, por una parte, y el de la gracia, la misericordia y el amor, por la otra, constituye un ejemplo arquetípico de esta actitud paradójica, presente en los cuentos jasídicos donde la devoción religiosa convive estrechamente con el gozo de la vida.

La descripción freudiana del mundo de la sombra resulta demasiado racional y no llega a comprender la profundidad del lenguaje paradójico con el que se expresa el psiquismo, en el que cualquier imagen y experiencia tienen tanto un aspecto positivo como otro negativo. Freud no advirtió la paradoja de que la basura también es un fertilizante, de que la infancia también es inocente, de que la perversidad polimorfa también es placentera y libre, y de que el hombre más repulsivo puede ser, al mismo tiempo, un redentor disfrazado.

En otras palabras, las descripciones que Freud y Jung ofrecen de la sombra no constituyen dos perspectivas diferentes y opuestas. La visión de Jung profundiza y amplía la de Freud, evidenciando su dimensión paradójica.

Renacimiento Simbólico

El vientre de la ballena es un símbolo universal que representa el paso a través de un umbral mágico, donde el héroe, en lugar de vencer o conciliar el poder del umbral, es engullido por lo desconocido, aparentando morir para luego renacer.

En diversas mitologías, se encuentran relatos de héroes y divinidades devorados por grandes criaturas. Los esquimales del estrecho de Bering narran cómo Cuervo fue tragado por una ballena al seguir su propio consejo. Los zulúes cuentan la historia de una mujer y sus hijos engullidos por un elefante, en cuyo interior encontraron un mundo entero. Héroes como Finn MacCool, Red Ridinghood y Maui corrieron similar suerte, así como casi todo el panteón griego, devorado por Cronos. Incluso Herakles se adentró voluntariamente en las fauces de un monstruo para salvar a Hesione.

La prevalencia de este símbolo enfatiza que cruzar el umbral implica una forma de muerte del yo. Análogo a la aventura de las Symplegades, el héroe se dirige hacia su interior para renacer, en lugar de encaminarse a los confines del mundo visible. Este estado se equipara a la entrada del devoto en el templo, donde se le recuerda su mortalidad y su insignificancia. El interior del templo, el vientre de la ballena y el reino celestial circundante son uno y lo mismo. Por ello, las entradas de los templos están custodiadas por imponentes gárgolas y guardianes, encargados de alejar a quienes no soportan su propio silencio. Estos seres encarnan el aspecto peligroso de lo numinoso, ilustrando la transformación necesaria del devoto, quien debe despojarse de su ropaje secular al ingresar, muriendo al tiempo y retornando al Útero

Cósmico, al Ombligo del Mundo, al Paraíso Terrenal. Ignorar a estos guardianes equivale a quedarse fuera, percibiendo como demonio al dios incomprendido. Así, la entrada al templo y el viaje por las fauces de la ballena expresan alegóricamente un proceso de centramiento y renovación vital.

Ananda Coomaraswamy -Filósofo y escritor ceilanés, experto en arte y cultura india-, afirma que ninguna criatura puede ascender en la naturaleza sin dejar de existir. El cuerpo del héroe puede ser descuartizado y esparcido, como Osiris, asesinado por Set y diseminado en catorce pedazos. Los héroes gemelos Navajos enfrentan rocas aplastantes, juncos cortantes, espinas y arenas abrasadoras. Quien supera el apego al ego atraviesa los límites del mundo, entrando y saliendo del dragón como un rey en su palacio, demostrando que lo Increado e Imperecedero trasciende las polaridades fenoménicas y no debe temerse.

Por ello, en todo el mundo, aquellos que encarnan el misterio de la muerte del dragón, renovador de la vida, han incorporado este acto simbólico, diseminando su carne para la renovación del mundo. En Frigia, durante el festival de Cibeles, un pino amortajado y adornado era llevado al santuario, donde los sacerdotes ofrendaban su sangre y los novicios se castraban en trance extático. Similarmente, el rey de Quilacare, en el sur de India, celebraba un festival donde se mutilaba progresivamente ante la multitud, esparciendo los pedazos de su cuerpo hasta cercenarse la garganta.

El Valor de lo Desechado

El filósofo taoísta Chuang Tzu, hace más de dos milenios, escribió diversas parábolas que ensalzaban las cualidades de los seres humanos considerados inútiles, feos o deformes por la sociedad, así como de los árboles retorcidos, nudosos y estériles. En una de estas historias, el carpintero Shih se encuentra con un majestuoso roble que sirve de lugar de reunión para la población local. A pesar de su imponente tamaño y belleza, Shih desprecia el árbol por su inutilidad para construir objetos. Sin embargo, en un sueño, el roble le revela que su longevidad se debe precisamente a su inutilidad, ya que no ha sido talado como los árboles frutales que son maltratados por su utilidad. Chuang Tzu también narra la historia de Shu, un jorobado que, a pesar de su deformidad, logró cuidar de sí mismo y alcanzar una vida longeva.

Estos relatos ilustran la importancia que los taoístas otorgaban a aquello que la sociedad desdeña por su aparente inutilidad. Estas historias son metáforas que enseñan al sabio a valorar e incluso cultivar su propia inutilidad para gozar de una vida plena y natural. Este tema también aparece en la alquimia, los cuentos de hadas y los sueños contemporáneos, donde lo inútil, despreciable o peligroso se convierte en algo fundamental para el proceso de transformación o individuación. Por ejemplo, en un sueño relatado por Carl Jung, un hombre deformado y de aspecto horripilante salva a una joven en peligro, y el soñante elige unirse a un grupo de personas harapientas y tullidas en lugar de a un grupo de hombres jóvenes y elegantes.

El pensamiento taoísta se fundamenta en dos principios esenciales: la relatividad de los valores y el principio de polaridad, representado por el yin y el yang. Los taoístas comprendieron que no existen conceptos o valores absolutos, y que los opuestos son complementarios e inseparables. Por lo tanto, ser útil o inútil son aspectos de la misma realidad. El relato del granjero cuyo caballo escapó ilustra cómo los eventos aparentemente negativos pueden tener consecuencias positivas, y viceversa.

Según el Taoísmo, para alcanzar la totalidad se debe seguir el camino de la naturaleza y conciliar los opuestos. De manera similar, Jung demostró que el psiquismo humano está compuesto por luz y oscuridad, masculino y femenino, y numerosos opuestos que generan tensión psicológica. Para Jung, la individuación requiere sostener estos contrarios internos, y una forma fructífera de hacerlo es afrontar conscientemente la sombra, esa parte "oscura" de la personalidad que contiene los aspectos negativos que se rechazan.

La sombra, como símbolo de lo despreciable, inferior o inútil, es equiparable a las imágenes taoístas del árbol retorcido y del jorobado. Cada individuo alberga en su interior un Shu jorobado o un árbol retorcido. Además, existe una tendencia a considerar inútiles los problemas físicos y emocionales, tratando de eliminarlos a toda costa. Sin embargo, desde la perspectiva taoísta y junguiana, lo que parece incorrecto puede tener un propósito desconocido.

Jung proponía buscar el significado de los síntomas y complejos neuróticos, viéndolos como elaboraciones del inconsciente para impulsar la realización personal. Esther Harding y Arnold Mindell -Físico y psicólogo, desarrolló el proceso orientado a la psicología-, también han explorado el vínculo entre enfermedad y autorrealización, señalando que los estados depresivos y los síntomas somáticos poseen una lógica y sabiduría interna. Para descubrir su sentido, es necesario prestar atención a los síntomas sin tratar de modificarlos, considerando que lo que ocurre es fundamentalmente correcto.

Mindell compara este proceso con la obra alquímica, donde una substancia impura e incompleta debe ser transformada. El "cuerpo impuro" son los dolores y trastornos cotidianos que deben ser amplificados y examinados hasta revelar su verdadero significado. Este trabajo implica concentrarse en lo que ocurre, focalizando toda la atención para amplificarlo.

Las enseñanzas de Chuang Tzu -Filósofo taoísta chino, conocido por sus parábolas y aforismos- no sólo muestran el valor de la enfermedad, sino también la importancia de desarrollar la propia individualidad, incluso si esto implica parecer inútil a los ojos del mundo. Jung también subrayaba la relevancia de vivir la propia vida, a pesar de las exigencias de la vida colectiva. Muchas personas se esfuerzan por adaptarse y cumplir con las normas sociales, convirtiéndose en esclavas de las opiniones ajenas. Cuanto más se intenta seguir el propio camino, más molestas resultan las rigideces colectivas.

Para alcanzar la plenitud, es necesario liberarse del poder del psiquismo colectivo y estar dispuesto a parecer inútil o imbécil. Como señaló Lao Tzu, el sabio que busca el Camino debe escuchar la risa de los locos. Lieh Tzu -Sabio taoísta, su obra homónima es un clásico del pensamiento chino-, llevó esta idea aún más lejos, sugiriendo que no se debe sacrificar ni un solo pelo en beneficio del mundo para que éste permanezca en orden. Sin embargo, el verdadero sabio aspira a seguir su verdadera naturaleza en medio de los asuntos del mundo, integrando lo que es en su entorno sin retirarse de él. Como expresó Chuang Tzu, el hombre perfecto trasciende los límites de lo humano sin apartarse del mundo, vive de acuerdo a la humanidad sin sufrir por ello y conserva su independencia sin dejarse influenciar por las enseñanzas del mundo.

Sueños Femeninos y Sombra

La célebre frase introductoria del programa radiofónico The Shadow de los años cuarenta, "¿Quién sabe qué mal se esconde en el corazón humano? La Sombra lo sabe", encierra una gran verdad. A menudo, en los recónditos rincones de la mente, se vislumbran misterios inherentes a la condición humana. Pensamientos y sentimientos socialmente inaceptables, que preferirían mantenerse ocultos, emergen. La sombra engloba todas aquellas cualidades negativas desterradas de la conciencia del ego por no adecuarse a la imagen que el individuo ha forjado de sí mismo.

En la cotidianidad, la existencia de la sombra se percibe fugazmente en el rechazo inexplicable hacia ciertos temas y en la presencia de sentimientos difusos de culpa, inseguridad, insatisfacción y malestar. Súbitos temores, ataques de risa nerviosa, estallidos de llanto o explosiones de ira pueden embargar al individuo en cualquier instante. En el ámbito onírico, es necesario vencer la resistencia a recordar los sueños y comprender sus mensajes. Aunque inicialmente desagradable, esta experiencia puede tornarse terapéutica y restituir la integridad psíquica.

El primer sueño analizado revela la importancia de descubrir la sombra personal, pues al tomar conciencia de su lado oscuro, el individuo puede mejorar su trato hacia sí mismo y los demás. En el sueño, una rata queda atrapada en una ratonera en la cocina, provocando un hedor. La soñante la mata y se deshace de ella, afrontando la situación. Las ratas, escurridizas, ladronas y rastreras, simbolizan la sombra. La soñante se percató de que inconscientemente había planeado un encuentro sexual con su ex pareja, a pesar de estar casada.

El sueño le mostró que engañar a su cónyuge la convertiría en una "sucia rata", siendo el "olor a rata" un indicio de la presencia de la sombra.

Los sueños poseen múltiples significados superpuestos, como las capas de una cebolla. La ubicación de la rata en la cocina, centro neurálgico de la alimentación, y la necesidad de matarla podrían indicar un malestar en la vida cotidiana de la soñante, quien padecía gripe. Además, el sueño podría ser una metáfora de sus relaciones, sintiéndose atrapada en una ratonera y debiendo afrontar el mal trago de terminarlas. Las poderosas imágenes oníricas buscaban precisar la situación, revelando su rechazo e insatisfacción hacia su cónyuge como la atracción inconsciente hacia la aventura.

La sombra, aun cuando revela aspectos desagradables del individuo, libera enormes cantidades de energía atrapada en el inconsciente. En un sueño posterior, la soñante bailaba en una pradera florecida, sugiriendo que el trabajo con los sueños y la concienciación de la sombra contribuyeron a la remisión de su gripe.

Ante la revelación de la sombra en un sueño o señalada por un amigo, el primer impulso suele ser la negación, la defensa, la resignación o la simulación de superioridad. Sin embargo, estas respuestas son erróneas. Cerrar la puerta a la sombra la hará merodear, armar escándalo y causar problemas. Es necesario percatarse de su presencia, abrirle un espacio en la conciencia, tratarla con amabilidad y apreciar lo que tiene para ofrecer.

La intensa y prolongada experiencia familiar, con sus luchas por atención y poder, pactos, secretos y resentimientos, afecta profundamente las expectativas inconscientes sobre uno mismo y los demás. Estas expectativas, a menudo compartidas por toda la familia, permiten hablar de una "sombra familiar" y un "inconsciente familiar". Así, algunos de los sentimientos más poderosos de la sombra se manifiestan en las relaciones con los parientes, tendiendo inconscientemente a aspirar al mismo estatus aprendido en el entorno familiar.

Los sueños revelan situaciones y actitudes inconscientes, especialmente aquellas relacionadas con el orden ocupado en la familia: el mayor, el mediano, el pequeño, el hijo único, el gemelo. El hijo mayor, por ejemplo, suele estar expuesto a los celos debido al cambio radical y arbitrario que supone el nacimiento de sus hermanos, obligándolo a compartir lo que antes disfrutaba en exclusiva. En contraste, los más pequeños nacen en un mundo donde los demás ya existen y sólo esperan una pequeña porción. Además, a los hermanos mayores se les suele exigir reprimir sus sentimientos negativos y comprender a los pequeños, una situación clásica de celos que puede afectar posteriormente la vida de la persona.

En ocasiones, la sombra está tan alejada de la conciencia y resulta tan amenazadora que la puerta no puede abrirse hasta que el individuo esté preparado para afrontarla, evitando así verse desbordado por el inconsciente y la ansiedad arquetípica. En los trabajos grupales, el entusiasmo puede llevar a alguien a "descubrirlo todo", pero cada persona tiene un grado de vulnerabilidad que debe respetarse. Lo más profundo no siempre es lo mejor, pues las defensas cumplen una función. Desprenderse prematuramente de una coraza puede dejar las heridas al descubierto. El proceso natural de curación requiere tiempo y sólo cuando se haya elaborado otra capa protectora para la herida profunda, se podrá observar sin peligro.

El sueño de una paciente ilustra esta situación. En él, se encuentra sentada en un cine viendo una película donde aparece una niña mala, manchada de sangre, y varios cuerpos acuchillados en una playa nocturna. Sentada cerca de una puerta abierta de un servicio, la paciente se levanta apresuradamente para cerrarla, pero una joven llamada Verité le ordena abrirla nuevamente. Discuten y pelean para mantener la puerta cerrada, pero finalmente se reconcilian y abrazan. Una voz indica que la paciente lucha para guardar el secreto de una mujer. Pronto, la playa se llena de gente que parece muerta, zombis que las miran amenazadoramente. La paciente les arroja un líquido espeso que adormece a algunos, pero otros siguen acercándose peligrosamente, necesitando algo para desembarazarse de ellos.

La paciente asoció a la "niña mala" consigo misma y recordó otro sueño donde su madre evitaba ver una película de terror para no recordar cosas desagradables, mientras su hija sabía que sí las recordaba, como si ambas evocaran vagamente algo terrible ocurrido en su infancia. Así es como los niños perciben la proyección de la maldad arquetípica, sintiéndose culpables cuando la familia guarda un secreto inconfesable. La paciente mencionó que cada noche, al dormir, la acosaban fantasmas.

La lucha con Verité (la verdad) para mantener cerrada la puerta a un espantoso secreto sobre una mujer parecía expresar la necesidad inconsciente de la paciente de seguir creyendo en la bondad de su madre y sentirse segura, evidenciando en realidad la prohibición materna de hablar de ciertos temas (en este caso, el maltrato infantil) para mantener intacto el "inconsciente familiar". Verité luchaba por revelar una verdad que la paciente aún no estaba lista para escuchar.

El líquido adormecedor podría ser el alcohol, que la paciente consumía ocasionalmente para relajarse. Sin embargo, como muestra el sueño, sólo disipa momentáneamente los fantasmas del inconsciente que la han atemorizado toda su vida. No todos pueden seguir reprimidos, pues la verdad pugna por manifestarse.

En ese momento, Verité no venció, demostrando que la paciente no estaba preparada para ahondar en su inconsciente. Años después, al reunir fuerzas para afrontar la verdad, recordó que su madre la había maltratado físicamente de pequeña y su padre había abusado sexualmente de ella a los cuatro años. Probablemente revivió estos incidentes en un estado de trance o disociación, como suelen hacer los niños menores de cinco años. Los "zombis" del sueño eran las imágenes de sus padres de aquella época, su madre consumiendo tranquilizantes y pareciendo extrañamente ausente, con súbitos arrebatos de ira inconsciente en los que la golpeaba, y su padre abusando de ella sin ser él mismo, indiferente y ausente, quizás presa de una compulsión inconsciente por revivir un abuso sufrido en su propia infancia.

El sueño se relacionaba con el presente de la paciente, quien temía que el aspecto de su sombra que se negaba a abrir la puerta de los lavabos fuera su orientación sexual, sintiéndose ansiosa al respecto. Luchaba contra Verité porque permitir que esa verdad saliera a la luz traería consigo el fantasma de una sombra arquetípica aún más aterradora que había proyectado sobre sí misma como una niña maltratada y violada, siendo una de sus imágenes más tempranas la de una "niña mala". La paciente tenía que luchar contra Verité para no aceptarse a sí misma, pues la desaprobación cultural reabriría sus heridas personales y arquetípicas más profundas.

Aunque respetó las implicaciones del sueño, la paciente aún estaba demasiado ansiosa para descubrir y curar sus viejas heridas, careciendo de la fortaleza necesaria para cambiar su estilo de vida. Necesitaba aprender a diferenciar sus miedos personales de los temores arquetípicos y descender un poco más junto a su "madre buena" que no podía escuchar cosas desagradables antes de afrontar la terrible realidad de su infancia y asumir las consecuencias sociales de su cambio de valores.

Abrir la puerta a todos los contenidos negativos de la sombra, por indignos que parezcan (la rata más repugnante, la rivalidad más agria, los fantasmas familiares y los secretos más íntimos), puede ayudar a ablandar el corazón hacia uno mismo y los demás, ser más comprensivo con las flaquezas humanas y cuidadoso para no proyectar la sombra sobre otros o sobre sí mismo.

Enfrentando la Mortalidad

La crisis de la mediana edad es un período de profunda introspección y transformación personal en el que el individuo se ve obligado a confrontar los aspectos más oscuros de su psique. Según la psicología analítica de Carl Jung, este proceso implica la integración de la Sombra, ese arquetipo que representa todo aquello que hemos reprimido o negado de nosotros mismos.

Durante esta etapa, la conciencia de la propia mortalidad se intensifica, despertando una necesidad apremiante de encontrar un sentido más profundo a la existencia. La polaridad entre la creación y la destrucción se vuelve más evidente, y el individuo debe aprender a navegar esta tensión para poder alcanzar una mayor plenitud.

La naturaleza misma es un reflejo de este proceso, donde la vida y la muerte se entrelazan en un ciclo interminable. La evolución geológica de la Tierra es un testimonio de la constante destrucción y transformación que da lugar a nuevas formas de vida. Del mismo modo, el ser humano debe enfrentar su propia capacidad destructiva para poder crear y amar de manera más auténtica.

A lo largo de la vida, todos hemos experimentado, en mayor o menor medida, las consecuencias de la destructividad humana. Hemos sido heridos por otros y, a su vez, hemos causado daño a nuestros seres queridos. La crisis de la mediana edad nos obliga a confrontar este hecho y a asumir la responsabilidad por nuestras acciones.

Este proceso de autodescubrimiento puede ser doloroso y desafiante, ya que implica reconocer nuestra propia culpabilidad y sufrimiento. Sin embargo, es un paso necesario para poder sanar las heridas del pasado y desarrollar una mayor compasión hacia nosotros mismos y los demás.

Es importante destacar que la destructividad no siempre es intencional. A veces, nuestras acciones pueden tener consecuencias negativas a pesar de nuestras mejores intenciones. Como padres, podemos castigar a nuestros hijos con el afán de educarlos, pero terminar dañando su autoestima. En nuestras relaciones amorosas, podemos herir a nuestra pareja al distanciarnos emocionalmente o al terminar la relación. En el ámbito profesional, podemos vernos obligados a tomar decisiones que afecten negativamente a otros.

Aceptar nuestra capacidad destructiva no es una tarea fácil, especialmente cuando se trata de reconocer los impulsos negativos que podemos albergar hacia nuestros seres queridos. Sin embargo, es un paso fundamental en el proceso de individuación, ese camino hacia la integración de los diferentes aspectos de nuestra psique.

Durante la crisis de la mediana edad, el individuo tiene la oportunidad de profundizar en su autoconocimiento y asumir una mayor responsabilidad por su vida. Este aprendizaje no se da de manera puramente intelectual, sino que debe ser vivenciado en las entrañas mismas de la existencia, atravesando períodos de confusión, sufrimiento y nostalgia.

Una de las posibles consecuencias de este proceso es el desarrollo de un "sentimiento trágico de la vida", al comprender que los grandes fracasos y adversidades no son simplemente el resultado de factores externos, sino que a menudo son una consecuencia de nuestros propios errores y defectos de carácter.

Sin embargo, las verdaderas tragedias no implican necesariamente un final triste. En ellas, el héroe lucha con nobleza por una causa justa, pero es derrotado por las enormes dificultades que enfrenta y por sus propias limitaciones. A pesar del fracaso aparente, el héroe alcanza una victoria interior al aprender a aceptar sus defectos como parte integral de su ser y de la condición humana, experimentando así una profunda transformación personal.

En definitiva, la crisis de la mediana edad es una oportunidad para enfrentar nuestra Sombra, integrar los aspectos creativos y destructivos de nuestra psique, y alcanzar una mayor plenitud y autenticidad en nuestras vidas. Aunque el camino puede ser arduo y doloroso, es un paso necesario en el proceso de individuación y crecimiento personal.

Abrazando al Adversario

El enfrentamiento del ser humano con el mal puede suscitar la manifestación de sus virtudes más elevadas. Sin embargo, aunque existe la posibilidad de transformar la maldad en bondad, es fundamental reconocer que se trata únicamente de una posibilidad. El desafío primordial de cualquier psicología del mal radica en aprender a relacionarse con este adversario numinoso y peligroso que se esconde en las profundidades del psiquismo, evitando que nos destruya en el proceso.

Una opción sería trazar un círculo alrededor del mal y proponer su sublimación o represión. Otra alternativa, sugerida por Nietzsche, consistiría en aliarse con el mal, la otra cara de la moral, y buscar actualizar en la experiencia la ciega voluntad de vivir. No obstante, estos enfoques apuntan a objetivos marcadamente distintos. El psicólogo que opta por el primer método pretende neutralizar el mal reconciliando al individuo con la moral colectiva o estableciendo límites a sus propios deseos. Freud, en sus últimos escritos, enfatizó el efecto terapéutico de una "educación para la realidad" y del entrenamiento del intelecto, intentando alcanzar estos objetivos mediante el fortalecimiento del Logos frente a los poderes del ominoso destino (Ananke). Por otro lado, Nietzsche, en contraste con la postura pesimista de Freud, adoptó el segundo enfoque, defendiendo la afirmación dionisíaca del mundo, el amor fati, y proclamando las virtudes del superhombre y del infrahombre. Sin embargo, ambas posturas son unilaterales y conducen a una disociación entre la bondad consciente y la maldad inconsciente, ya que tanto "la bondad excesiva" como "la falta de moral" provocan una escisión entre el bien y el mal.

William James llegó a la conclusión de que la salud espiritual es un elemento esencial para que la personalidad humana alcance una totalidad armónica. No obstante, la personalidad religiosa estable no se basa en la perfección moral, sino en la aceptación de las actitudes reprimidas. Según James, el secreto para conquistar el bien y el mal radica en la aceptación incondicional de los dictados del yo inconsciente. Si bien reconoció el riesgo de quedar a merced de la voz interna, ya que nunca se puede estar seguro de si se trata de una voz divina o diabólica, sostuvo que el único camino de salvación consiste en la entrega del individuo a la dimensión transpersonal e inconsciente.

Jung señala que la relación con el mal es una empresa individual que sólo puede describirse de manera muy vaga. La experiencia demuestra constantemente que el individuo no tiene garantías de superar este reto, ni existe un criterio objetivo para determinar lo que es "correcto" en cada situación, ya que la experiencia de la sombra arquetípica nos enfrenta a lo absolutamente "desconocido" y, por lo tanto, nos expone a peligros imprevisibles. Este acontecimiento es similar a experimentar en todo su esplendor la imagen misma de Dios, la bondad y la maldad absolutas, una experiencia capaz de transformar por completo la personalidad de un ser humano, tanto su ego como su sombra.

Alcanzar un acuerdo con el inconsciente siempre implica el riesgo de otorgar demasiada credibilidad al Diablo. Es importante recordar que enfrentarse a un arquetipo puede llevar al error y la corrupción con la misma frecuencia que a la guía y la verdad. No se debe equiparar automáticamente los mensajes del inconsciente con la voz de Dios, y es necesario cuestionar si provienen de Dios o del Diablo. Este encuentro con el inconsciente puede contribuir tanto a disgregar la personalidad como a guiar por el camino de la sabiduría. Por lo tanto, la fe ciega y la entrega a los poderes del inconsciente no es más satisfactoria que la obstinada resistencia a lo "desconocido", ya que la confianza desmedida puede ser una actitud ingenua e infantil, mientras que la resistencia crítica puede ser una medida de autoprotección. En última instancia, todo depende de "cómo" nos relacionemos con el adversario. Una aproximación demasiado estrecha a lo numinoso, ya sea que se manifieste como bueno o malo, conlleva inevitablemente el peligro de inflación del ego y de verse desbordado por los poderes de la luz o de la oscuridad.

La novela "El Elixir del Diablo" de E. T. A. Hofmann ilustra claramente el peligro de ser superado por lo demoníaco. Hofmann describe cómo el monje Medardus es poseído por "la personalidad maná" de San Antonio y termina siendo víctima del Anticristo. Embriagado por su propia elocuencia y seducido por el deseo de poder, Medardus cae en la tentación de beber el elixir del Diablo. Tras ingerir la pócima, descubre el secreto de la eterna juventud, pero al mismo tiempo queda preso del poder del Diablo. Su anhelo de amor y las cosas de este mundo lo ciegan y arrastran a la destrucción, y como resultado de este encuentro con el lado oscuro de su personalidad, su alma termina escindiéndose en dos entidades autónomas: el alma corporal y el alma espiritual. Hofmann continúa su relato exponiendo lo que denomina "doble", aquella parte del alma que, aunque disociada del ego, sigue siendo su compañera más inseparable. También propone un método persuasivo para reunir las dos partes disociadas del alma. Medardus comienza regresando a la soledad del monasterio, donde la penitencia, la comprensión y el arrepentimiento clarifican las tinieblas de sus sentidos. Por primera vez, alcanza la paz y se libera de sus impulsos compulsivos, comprendiendo que la naturaleza de la bondad moral depende del mal. Esta relativización del bien y el mal, que depende de la aceptación de su violento adversario, también supone un cambio en su conciencia cristiana. El alma corporal entiende muy lentamente lo que el alma espiritual sabe desde siempre, por lo que el problema resurge con renovado ímpetu. Medardus, al igual que Fausto, sólo puede encontrar la ansiada reconciliación entre el espíritu y la naturaleza, que se experimenta como el esplendor puro del amor eterno, en esa zona crepuscular entre la vida y la muerte.

Uno de los problemas más importantes que pueden surgir en la relación con la sombra, ya sea individual o arquetípica, es el que Jung subrayaba con frecuencia: la sombra "es el problema moral por excelencia", una realidad que obliga a realizar un esfuerzo supremo de conciencia.

La estabilidad de la vida individual y colectiva depende en gran medida de la toma de conciencia de la sombra. Ser consciente del mal implica estar cuidadosamente atento a lo que se hace y a lo que ocurre.

En uno de los evangelios apócrifos, Jesús se dirige a un judío que trabajaba en sábado diciendo: "Bendito seas si sabes lo que estás haciendo, pero si lo ignoras, estás transgrediendo la ley y tu actividad será maldita".

Tomar conciencia de la sombra parece una tarea relativamente sencilla, pero en realidad constituye un reto moral extraordinariamente difícil de llevar a cabo. Para ello, es necesario comenzar tomando conciencia de la maldad individual, es decir, de aquellos valores negativos que el ego ha rechazado, y de las aspiraciones conscientes al bien. En otras palabras, se deben hacer conscientes los conflictos inconscientes, lo cual significa:

• Sustituir la visión moral previa, basada en la tradición, por la reflexión subjetiva.

• Aceptar que los derechos de los demás son tan legítimos como los del ego.

• Conceder el mismo valor a los derechos del instinto que a los de la razón.

La toma de conciencia de los conflictos siempre se experimenta como un enfrentamiento entre impulsos irreconciliables, una especie de guerra civil interna. El conflicto consciente entre el bien y el mal se convierte en una disociación inconsciente. En consecuencia, la regulación instintiva inconsciente es complementada por el control consciente. De este modo, se llega a ser capaz de reconocer con mayor exactitud las consecuencias de las acciones sobre los demás, estimar las proyecciones de la sombra y, quizás, incluso disiparlas. Finalmente, surge la obligación de revisar las opiniones sobre el bien y el mal, comprendiendo que el secreto para lograr un mayor ajuste con la realidad suele depender de la capacidad para renunciar al "deseo de ser bueno" y aceptar que la maldad también tiene derecho a vivir. Como señala Jung, "las desventajas del bien menor" se equilibran con "las ventajas del mal menor".

Contrariamente a la opinión generalizada de que la conciencia de la sombra atrae y acentúa el mal, con frecuencia se observa que ocurre exactamente lo contrario.

El conocimiento de la sombra personal constituye el requisito fundamental de cualquier acción responsable y, en consecuencia, resulta imprescindible para tratar de atenuar la oscuridad moral del mundo. Esto no sólo es aplicable a la sombra personal, sino que también se extiende a la sombra colectiva, a la figura arquetípica del adversario que sirve para equilibrar el consenso colectivo de un determinado momento histórico. Así pues, la toma de conciencia de la sombra arquetípica no sólo resulta primordial para la realización del individuo, sino que constituye un elemento fundamental para la transformación de los impulsos colectivos de los que depende la conservación de la vida individual y grupal. El individuo no puede desvincularse por completo de la vida social, y la responsabilidad hacia uno mismo siempre implica la responsabilidad hacia la totalidad. Se podría afirmar incluso que, en la medida en que el individuo sea más consciente, la sociedad se beneficiará, porque la reconciliación con el adversario arquetípico sensibiliza a los problemas de la moral colectiva y permite anticiparse a los nuevos valores emergentes.

Sin embargo, no basta con tomar conciencia del conflicto moral, porque la relación con la sombra obliga a elegir entre dos opuestos mutuamente excluyentes y a reconocerlos en la vida consciente. Para resolver este problema, el individuo dispone de tres métodos diferentes: renunciar a un aspecto en favor del otro, abstenerse de ambos o buscar una solución satisfactoria para las dos facetas. Las dos primeras alternativas no requieren mayor discusión, mientras que la tercera parece imposible. Si la lógica enseña que tertium non datur, ¿cómo se pueden reconciliar dos opuestos tan dispares como el bien y el mal? La única forma posible de reconciliar los opuestos consiste en "trascenderlos", es decir, en llevar el problema a un nivel superior en el que las contradicciones puedan resolverse. En este sentido, si una persona, por ejemplo, logra desidentificarse de los opuestos, podrá verificar que la naturaleza misma interviene para ayudarle. Todo depende, en última instancia, de la actitud personal. Cuanto más uno se libere de principios rígidos e inmutables y cuanto más dispuesto esté a sacrificar la voluntad del ego, más oportunidades tendrá de verse conmovido por algo superior al ego. Entonces se experimentará una especie de liberación interna, un estado que se encuentra, por utilizar la expresión nietzscheana, "más allá del bien y del mal". En términos psicológicos, se podría decir que la renuncia a la voluntad egoica intensifica la energía del inconsciente y reactiva todos sus símbolos. En términos religiosos, se diría que se trata de una crucifixión, a la que sigue una resurrección, en la que la voluntad del ego se unifica con la voluntad de Dios, ya que, desde cierto punto de vista, el sacrificio voluntario es la condición sine qua non de la salvación. Al mismo tiempo, también tiene lugar una transformación paralela en los símbolos del bien y del mal, en la que el bien pierde algo de su bondad y el mal algo de su maldad. De este modo, en la medida en que crece la "luz" de la conciencia, se disipan también las tinieblas que oscurecen el alma. Entonces aparecen nuevos símbolos que expresan la reconciliación de los opuestos, como los símbolos de la cruz, del Tai-chi-tu y de la Flor de Oro, cuya emergencia aporta al individuo una nueva comprensión del conflicto, una neutralización de los opuestos y una transformación de la imagen de Dios que siempre tienen un efecto liberador sobre el alma y que transfigura completamente la personalidad consciente y la personalidad de la sombra. El mal, ya sea una enfermedad, un desorden externo, la pérdida del sentido de la vida o un impulso inmoral, constituye un poderoso factor curativo que ayuda a reconciliar la individualidad con el núcleo central del ser, el yo, la imagen de la Divinidad. Quien logre esta reconciliación no sólo se abrirá a lo creativo, sino que también experimentará la tensión entre los opuestos de un modo nuevo y más positivo, recuperando, al mismo tiempo, su capacidad de decisión y de acción.

Aplica tu propio bálsamo.

Proclama por doquier tu enfermedad.

Eso te restablecerá.

Cuanto más emplees este tratamiento,

más digno y más sabio te harás.

Y recuerda que, si crees que en este momento

no tienes ningún defecto,

te convertirás de inmediato

en el artífice de tu propia desgracia.

RUMI (Poeta y místico persa)

Más Allá de la Demonización

En el pasado, parecía sencillo identificar a los responsables de las injusticias sociales: los racistas eran quienes se negaban a atender a las personas de color, los belicistas organizaban guerras y ordenaban el asesinato de inocentes, y los propietarios de fábricas contaminantes eran los culpables de la degradación ambiental. Participar en boicots, manifestaciones y sentadas contra las acciones de estos "malos" generaba una sensación de rectitud moral.

Sin embargo, un análisis introspectivo revela que todos formamos parte del problema. La desconfianza hacia ciertos grupos étnicos, la adicción a un estilo de vida que se sostiene a expensas de los más pobres y el despilfarro de recursos que contribuye a la contaminación, difuminan la línea que separa a los "buenos" de los "malos".

Durante la guerra de Vietnam, resultaba inconcebible que alguien vistiera el uniforme militar y creyera las justificaciones del gobierno. Años después, en un retiro con veteranos, se escucharon testimonios desgarradores sobre las experiencias vividas y las razones que les llevaron a alistarse: amor a la patria, deseo de servicio y anhelo de heroísmo. Estos relatos revelaron la complejidad de la situación y la humanidad detrás del uniforme.

La conversación con un joven militar, adoctrinado desde la infancia para ser francotirador, puso de manifiesto la dificultad de desobedecer órdenes en un contexto de aislamiento y vulnerabilidad. El apoyo y la comprensión pueden ser cruciales para que alguien siga su propio código moral en circunstancias extremas.

Los enemigos nacionales cambian con el tiempo, y la elección de adversarios personales suele estar influenciada por líderes, medios de comunicación y grupos de pertenencia. Es necesario cuestionar a qué intereses sirve la mentalidad hostil.

Helen Waterford, superviviente de Auschwitz, demostró que incluso en las circunstancias más terribles es posible evitar el odio hacia los enemigos. Su amistad con un ex líder de las Juventudes Hitlerianas, Alfons Heck, y sus conferencias conjuntas sobre el Holocausto desde perspectivas opuestas, ejemplifican la posibilidad de superar la polarización.

La objetividad de Helen se basa en su estudio apasionado de la historia, que le permite comprender las fuerzas que propiciaron el Holocausto y evitar la simplificación de atribuirlo únicamente a la locura de Hitler.

En el activismo social, la demonización del adversario se justifica como una estrategia para mantener la determinación y la claridad moral. Sin embargo, esta mentalidad perpetúa la hostilidad y tiene un alto coste.

En lugar de centrarse únicamente en la "maldad" del oponente, es necesario reconocer la ambivalencia y las dudas que pueden existir en su interior. Tratar a los adversarios como potenciales aliados no implica aceptar irracionalmente todas sus acciones, sino invocar su humanidad y ampliar el rango de respuestas posibles.

El desafío consiste en encontrar un camino entre el cinismo y la ingenuidad, manteniendo la firmeza en la oposición a políticas y acciones dañinas, pero sin caer en el odio hacia quienes las representan. La empatía y la comprensión del contexto en el que se mueven los adversarios pueden ser herramientas poderosas para el cambio social.

Proyectando la Sombra Chauvinista

La mentalidad chauvinista ha impregnado el uso del término "hombre" para referirse a la totalidad del género humano, excluyendo a la mujer. Es crucial analizar las imágenes mentales que esta mentalidad alberga sobre la mujer, el "negro" o el "judío". La pornografía, considerada por la poetisa Judy Grahn como la "poética de la opresión", constituye la mitología de esta mentalidad. Comprender las imágenes que habitan en ella permitirá trazar su orografía y anticipar los caminos que se abren ante ella.

Este asunto reviste una importancia capital, ya que, bajo el influjo de dicha mentalidad, de la que todos participamos en mayor o menor medida, tendemos a creer que nuestro destino determina lo que nos acontece. Así, hemos llegado a considerar que algunas de las lacras que asolan nuestra civilización, como la rapiña o el holocausto, forman parte de nuestro sino. Atribuimos a nuestra naturaleza, y a la naturaleza en general, la responsabilidad de la violencia que ejercemos contra nosotros mismos y contra los demás. Sin embargo, un examen más detenido del sentido de la pornografía revela que la cultura no sólo ha rechazado violentamente a la naturaleza, sino que con frecuencia ha adoptado una actitud revanchista hacia ella.

El estudio de las imágenes proporcionadas por la mentalidad pornográfica permite comprender el sentido de su iconografía. En la pornografía, el cuerpo femenino atado, sometido, maltratado e incluso asesinado simboliza el poder de la naturaleza, un poder temido y odiado por esta mentalidad. Para ella, "la mujer" representa, al igual que el "judío" para el antisemita o el "negro" para el racista, la parte escindida de su alma, aquella dimensión de su ser que preferiría negar y relegar al olvido. El reconocimiento de esa parte escindida conlleva la recuperación de Eros.

Tanto la iglesia como la pornografía han elegido a la misma víctima para proyectar este conocimiento reprimido. Ambas han desdibujado cuidadosamente la verdadera naturaleza del ser de la mujer, convirtiéndola en una pantalla en blanco sobre la cual proyectar todo aquello que los hombres niegan de sí mismos. Sin embargo, la mujer no es una víctima accidental. Su cuerpo evoca el tipo de autoconocimiento que el hombre rehúye afrontar y, por consiguiente, lo teme sin comprender que tiene miedo de lo que ella despierta en él. Así, termina convenciéndose de que la mujer encarna el mal. Como afirmó Karen Horney -Psicoanalista germano-estadounidense, destacó por sus teorías sobre la neurosis-, todo hombre intenta desembarazarse de su miedo a la mujer convirtiéndola en un objeto. La pornografía constituye el ejemplo más palpable de esta "objetivación".

El marqués de Sade describió a la mujer como una criatura miserable, siempre inferior, menos elegante, ingeniosa e inteligente que el hombre, cuya repugnante forma es precisamente todo lo opuesto de lo que gusta y complace a un hombre, una tirana sucia y peligrosa. Tanto el pornógrafo como el sacerdote odian y rechazan una parte de sí mismos, repudiando el mundo físico y su propia materialidad, despreciando el conocimiento de su propio cuerpo. Su tentativa, sin embargo, está condenada al fracaso porque sus propios deseos les recuerdan continuamente el cuerpo. Pretenden despojarse de un aspecto de sí mismos que, paradójicamente, anhelan. Atrapados en una contradicción insalvable, odian, temen y aborrecen lo que desean. Su lucha es interna, pero creen erróneamente que su lucha es contra la mujer. Por ello, proyectan en el cuerpo femenino todo su temor y todo su deseo. Al igual que ocurre con la ramera de Babilonia en la iconografía católica, el cuerpo de la mujer atrae al pornógrafo y al mismo tiempo despierta su desdén.

Un folleto publicitario presenta dos imágenes familiares que representan un drama ancestral. Un espantoso negro amenaza a una voluptuosa blanca cuyo vestido parece desgarrado, con jirones de su falda que dejan entrever la desnudez de un muslo y una blusa descompuesta que muestra sus hombros al aire. La mujer escapa mirando con terror hacia atrás. El cuerpo del hombre es enorme y tiene el aspecto de un simio, con una expresión que parece la encarnación misma de la brutalidad, la mezquindad y la lujuria. A pie de foto se lee "Conquista y educa", y sobre ella un texto advierte al lector contra los peligros del adulterio.

En el núcleo de la imaginación del racista se oculta también una fantasía pornográfica: el espectro del mestizaje. La imagen de un hombre de tez oscura que trata de violar a una mujer rubia constituye la encarnación misma de lo que más aborrece el racista. Esta fantasía se apodera continuamente de su mente. Aunque algunos afirman que la mentalidad racista utiliza las imágenes pornográficas para manipular la mente de los demás, lo cierto es que estas imágenes parecen manipular exclusivamente al propio racista, lo que sugiere que juegan un papel importante en la génesis de su ideología.

Es evidente que el sufrimiento que experimentan las mujeres en una cultura pornográfica difiere formal y cualitativamente del que padecen los negros en una sociedad racista o los judíos en una antisemita. Asimismo, el desprecio hacia la homosexualidad afecta de manera diferente a la vida de mujeres y hombres al margen de los roles sexuales tradicionales. No obstante, resulta fácil observar las similitudes entre la imagen que el racista tiene de un hombre o una mujer de color, la que el antisemita tiene de un judío y la que el pornógrafo tiene de una mujer. Las tres son creaciones de la misma mentalidad chauvinista, que proyecta en los demás lo que teme de sí misma y se define en base a lo que odia.

Los negros son considerados estúpidos, perezosos y animales; las mujeres, irracionales, poco pensantes y más atadas a la tierra; los judíos, avariciosos y retorcidos. Las prostitutas, ninfómanas de deseos carnales insaciables; los esclavos, dóciles; los judíos, afeminados y usureros; los africanos, "comilones insaciables", lascivos y sucios. Las mujeres negras son descritas como "expertas en las artes de Venus que hacen del amor un arte y conceden sus favores sin ningún problema". Se afirma que los judíos se entregan a orgías sexuales y practican el canibalismo, y tanto ellos como los negros están supuestamente sexualmente superdotados.

El chauvinista atribuye un materialismo exacerbado al judío, al negro y a la mujer. La mujer que despilfarra las tarjetas de crédito de su marido en sombreros, el negro que conduce un Cadillac mientras sus hijos se mueren de hambre, el judío prestamista que vende a su hija. Juvenal afirmaba que no hay nada más insoportable que una mujer rica. En un texto pornográfico del siglo XVIII, el autor describe a su heroína con "un ingenioso cerebro pequeño burgués", y en una novela pornográfica contemporánea el protagonista mata a su mujer porque "ella prefería a los chicos que conducen Cadillacs". Se les atribuye un apetito insaciable, como el negro que despoja de su trabajo al blanco o la mujer que se lo roba al hombre.

Una y otra vez, el chauvinista dibuja un retrato de los demás que sólo refleja las partes que ha enajenado y ocultado de su propia mente. El otro tiene apetitos e instintos, tiene un cuerpo, lleva una vida emocional descontrolada. Tras negar ciertos aspectos de su yo, la mentalidad chauvinista construye un falso yo con el que identificarse.

Dondequiera que se encuentre la idea racista de que el otro es un ser malo o inferior, se descubrirá también la presencia de un ideal racial que considera al propio yo como algo superior, bueno y justo. Ese fue precisamente el ideal racial de los esclavistas sureños, que se consideraban los custodios de las mejores tradiciones de la civilización, el último baluarte de la cultura. La mentalidad aristocrática sureña estaba engalanada de pretensiones, dignidad, buenos modales y ceremonias de ascensión social.

El hombre sureño atribuyó todos los defectos a las mujeres y los hombres de color, adjudicándose al mismo tiempo todas las virtudes. Se consideraba "caballeroso", "magnánimo" y con una "honestidad" que emanaba del "brillo de su poderosa e impávida mirada". Era honorable, responsable y, por encima de todo, un aristócrata.

El antisemita establece el mismo tipo de polaridades y se ve a sí mismo adornado con las virtudes del ario: atractivo, valiente, honesto, en una palabra, superior tanto física como moralmente.

Esta polaridad resulta muy familiar, ya que el aprendizaje del ideal masculino, como opuesto al femenino, comienza casi desde el nacimiento. Se enseña muy pronto que los hombres son más inteligentes y fuertes que las mujeres. El protagonista masculino de la iconografía pornográfica, como el ario hitleriano, disfruta de una honradez moral intrínseca que le permite comportarse de manera amoral con las mujeres. Desde su propio punto de vista, es el miembro más valioso de todas las especies. Como decía el marqués de Sade, "la carne de la mujer", como la "carne de cualquier hembra", es inferior.

La mentalidad chauvinista utiliza esta supuesta superioridad como excusa para explotar y esclavizar a quienes considera inferiores. Algunos historiadores han concluido que la ideología chauvinista existe únicamente para justificar la explotación. Sin embargo, este tipo de ideología parece tener una razón de ser consustancial a la mente humana. Un análisis más profundo revela que, por encima de todo, el chauvinista necesita creer en su propia mentira. No se trata sólo de una simple explotación social, sino que las mentiras de la mentalidad chauvinista nacen del deseo de escapar de la verdad. El chauvinista no puede afrontar el hecho de que se desprecia a sí mismo.

Por esta razón, el chauvinista se niega obcecadamente a considerar siquiera la posibilidad de que el otro pueda ser igual que él. Insiste, una y otra vez, en que es muy diferente de los demás. Esta insistencia es el punto de partida y la esencia de todo su pensamiento. Hitler escribió sobre los orígenes de su antisemitismo que, al tropezar con una figura vestida con una levita y largas trenzas cayéndole sobre los hombros, su primer pensamiento fue "¿es esto un judío?", pero cuanto más miraba su estrafalario aspecto, la pregunta se transformó en "¿es un alemán?". Fue entonces cuando, por primera vez en su vida, compró un folleto antisemita.

La mentalidad chauvinista construye una imagen inventada de sí misma en la que representa al alma y al conocimiento de la cultura. De este modo, el objeto de su odio representa al yo natural, al yo rechazado, al yo que contiene el conocimiento del cuerpo, un yo carente de alma.

Artífices de Nuestros Demonios

Para fabricar un adversario, se comienza con un lienzo en blanco donde se bosquejan las siluetas de hombres, mujeres y niños. Se sumerge un pincel en la oscuridad del inconsciente alienado y se embadurna a los extraños con los turbios matices de la sombra. En el rostro del enemigo se dibujan la envidia, el odio y la crueldad que no se admiten como propios. Se ensombrece cualquier atisbo de empatía en sus semblantes. Se borran las huellas de los amores, esperanzas y temores que se arremolinan en el corazón de todo ser humano. La sonrisa se deforma hasta adoptar el aspecto siniestro de una mueca despiadada. Se despelleja hasta que aflore el esqueleto indefenso de la muerte. Cada rasgo se exagera hasta transformar a cada individuo en una bestia, una alimaña, un insecto. El fondo del cuadro se llena con todos los diablos, demonios y figuras malignas que alimentan las pesadillas ancestrales. Una vez finalizado el retrato del enemigo, se puede matar y descuartizar sin vergüenza ni culpa. Porque lo que se destruye se habrá convertido en un enemigo de Dios o en un obstáculo para la sagrada dialéctica de la historia.

El enemigo se crea primero. La imagen antecede al arma, la propaganda precede a la tecnología. Se concibe al otro a quien matar y luego se inventa el hacha de guerra o el misil intercontinental para aniquilarlo.

No obstante, los políticos de diversas tendencias proclaman lo contrario: si se abandona la política armamentista, el enemigo aprovechará la ocasión. Los conservadores sostienen que la única forma de contener al adversario es demostrarle la posesión de armas más grandes y poderosas. Los liberales, en cambio, creen que el enemigo dejaría de serlo si hubiera menos armas o fueran menos potentes. Ambas posturas se basan en la creencia optimista y racional de que el ser humano es un animal pragmático que ha evolucionado en homo sapiens ("hombre racional") y homo faber ("hombre hábil"), y que, por lo tanto, la paz se puede alcanzar mediante la negociación y el control armamentístico.

Sin embargo, la realidad parece contradecir esta creencia. El problema no radica tanto en la razón o la tecnología como en la dureza de los corazones. Generación tras generación, se inventan excusas para odiar y deshumanizar a los semejantes. Lo evidente se niega y se justifica con sofisticada retórica política. El ser humano es un homo hostilis, una especie hostil, el único animal capaz de fabricar enemigos para huir de su propia hostilidad reprimida. Así, con los residuos inconscientes de la hostilidad y los demonios privados, se conjura un objetivo, un enemigo público, y se entregan a rituales compulsivos y dramas tenebrosos para exorcizar los aspectos negados y despreciados de sí mismos.

La única esperanza de supervivencia reside en cambiar la actitud hacia la guerra y la figura del enemigo. En lugar de seguir hipnotizados por la imagen del adversario, se debe prestar atención a los ojos que lo ven. Es momento de explorar la mentalidad del homo hostilis y examinar minuciosamente cómo se manufactura al enemigo, se crea un plus de maldad y se convierte al mundo en un inmenso cementerio. Pero mientras se ignore la lógica de la paranoia política y el proceso propagandístico que justifica la violencia, parece improbable lograr un éxito sustancial en el control armamentístico. Para ello, se debe tomar conciencia de lo que Carl Jung denominaba "la sombra".

Los héroes y líderes de la paz son aquellos hombres y mujeres que tienen el valor de sumergirse en las tinieblas de su propia personalidad y zambullirse en la oscuridad del psiquismo colectivo en busca de su enemigo interno. La psicología profunda ha proporcionado evidencia incuestionable de que el enemigo se fabrica con las partes negadas del propio yo. Por tanto, el mandamiento "ama a tu enemigo como a ti mismo" señala el camino hacia el autoconocimiento y la paz. De hecho, se ama y odia a los enemigos en la misma medida en que uno se ama y se odia a sí mismo. En el rostro del enemigo se encuentra el espejo donde contemplar nítidamente el verdadero semblante.

Sin embargo, los detentores de los poderes fácticos objetan: ¿Qué significa "crear" enemigos? Los enemigos no se inventan. En el mundo real existen agresores, imperios malignos, hombres malvados y mujeres perversas que destruirían si no se les elimina antes. Existen seres tan ruines como Hitler, Stalin y Pol Pot. No se pueden psicologizar los acontecimientos políticos ni resolver el problema de la guerra tratando simplemente de comprender la forma de pensar del enemigo.

Efectivamente. Pero la causa de la paz no puede avanzar con verdades a medias, sean éstas de naturaleza política o psicológica. Se debe evitar psicologizar los acontecimientos políticos, pero también politizar los hechos psicológicos. La guerra es un problema sumamente complejo que requiere un enfoque pluridisciplinar que englobe sus diversos factores causales. Se necesita abordar el problema considerando que se sustenta por igual en el psiquismo belicista y la polis violenta, la paranoia y la propaganda, la imaginación hostil y los conflictos geopolíticos y de valores entre naciones.

Cualquier reflexión fructífera sobre la guerra deberá tener en cuenta tanto el psiquismo individual como las instituciones sociales. La sociedad configura el psiquismo y viceversa. Se debe emprender la ingente tarea de concebir alternativas políticas y psicológicas a la guerra, cambiar la mentalidad del homo hostilis y modificar la estructura de las relaciones internacionales. Esto supone el doble desafío de emprender un viaje heroico hacia el yo y ensayar un nuevo estilo más compasivo de hacer política. No será posible reducir la belicosidad sin considerar todos los factores que sostienen un sistema basado en la violencia, desde las raíces psicológicas de la paranoia, la proyección y la propaganda hasta las prácticas contraproducentes en la educación de los hijos, la injusticia, los intereses creados de las élites del poder, los conflictos religiosos, sociales, históricos, económicos, raciales y la presión de la opinión pública.

La psicología militar se enfoca en convertir el asesinato en patriotismo, pero no examina en profundidad el proceso de deshumanización del enemigo. Al proyectar la sombra, no se percata de lo que hace. La masa genera odio y el cuerpo político se insensibiliza de su paranoia, proyección y propaganda. El "enemigo" se vuelve tan real y objetivo como una piedra o un perro rabioso. La primera tarea consiste en romper este tabú, tomar conciencia de los aspectos inconscientes del cuerpo político y examinar cómo se crea la figura del enemigo.

La paranoia consensual -la patología de una persona normal perteneciente a una sociedad belicista- proporciona un modelo útil para comprender este proceso. Si se comprende la lógica de la paranoia, se puede entender la presencia recurrente del arquetipo del adversario, independientemente de las circunstancias históricas.

La paranoia presupone un complejo de mecanismos mentales, emocionales y sociales mediante los cuales una persona o un grupo se atribuyen toda la justicia y la pureza mientras asignan toda la hostilidad y la maldad a sus enemigos. Este proceso se inicia con la división entre el "buen" yo (con el que se identifican conscientemente) y el "mal" yo (que reprimen y proyectan inconscientemente sobre los enemigos). Mediante esta artimaña, se escamotean de la conciencia los aspectos inaceptables del yo que Jung denominaba "sombra" (la envidia, la crueldad, el sadismo, la hostilidad, etc.), que solo se reconocen como cualidades de los enemigos. Así, la paranoia reduce la ansiedad y la culpabilidad, transfiriendo a los demás las características que no se quieren reconocer en uno mismo. Este proceso se mantiene mediante la percepción y la memoria selectiva, que hacen que solo se percaten de los aspectos negativos del enemigo que se ajustan al estereotipo. Las noticias que ofrecía la televisión norteamericana sobre la Unión Soviética eran negativas, y lo mismo ocurría en el otro bando. Solo se recuerda aquello que confirma los prejuicios.

La típica propaganda antisemita contemporánea ilustra este modelo. Para los antisemitas, el judío es la causa fundamental del mal. Tras los enemigos tradicionales de Alemania -Inglaterra, Rusia y los Estados Unidos- acechaba la conspiración judía. Esta amenaza, inexistente para cualquier otro observador, resultaba evidente para quien creía ciegamente en la supremacía de la raza aria. Esta lógica distorsionada justificaba el uso de trenes vitales para el traslado de tropas al frente para transportar judíos a los campos de concentración en vistas a la "solución final".

Un ejemplo más reciente de esta mentalidad paranoica lo ofrecen el ala derecha del anticomunismo norteamericano y el obsesivo anticapitalismo soviético. Ambas perspectivas comparten la misma visión que les llevaba a atribuir a sus enemigos más poder, cohesión y éxito conspiratorial del que en realidad poseían. Los creyentes de ambos bandos consideran que el mundo es un inmenso campo de batalla y que todos los países deben terminar alineándose bajo la esfera de influencia del comunismo o del capitalismo.

Una de las principales funciones de la mentalidad paranoica consiste en librarse de la culpa y la responsabilidad atribuyéndosela a los demás. Esta inversión puede revestir un carácter extremo. La culpa genera más culpa. Por eso la nación o la persona paranoica creará un sistema de mentiras compartidas, una paranoia á deux. El sistema de creación de enemigos supone la participación de dos o más adversarios arrojando su basura psicológica inconsciente en la puerta trasera de los otros. Todo lo que se rechaza en uno mismo se atribuye al enemigo y viceversa. Dado que este proceso de proyección inconsciente de la sombra es universal, los enemigos "se necesitan" mutuamente para despojarse de sus toxinas psicológicas. Se crea así un vínculo de odio, una "simbiosis de enfrentamiento", un sistema integrado que garantiza no tener que afrontar la propia sombra.

En el conflicto Estados Unidos-Unión Soviética, ambas partes se necesitaban mutuamente como blanco de sus proyecciones. La propaganda soviética que describía a los Estados Unidos como un violador de los derechos humanos se parecía al cazo que llama sucia a la olla. Por otra parte, los ataques contra el control estatal soviético y la ausencia de propiedad privada reflejaban el rechazo inconsciente de la pérdida de libertad individual bajo el capitalismo corporativista y la dependencia del apoyo gubernamental. Esos aspectos contradecían la imagen de individualistas empedernidos que los estadounidenses se habían forjado de sí mismos. Oficialmente, equiparaban la dependencia del estado a la esclavitud, pero se veían obligados a adoptar un macrogobierno y un socialismo galopante que indicaban enormes necesidades y dependencias que no se correspondían con la imagen del "hombre Malboro". Los soviéticos, por su parte, cuando veían que el consumo era una forma de libertad y que ésta producía beneficios, aspiraban también a una mayor libertad personal. Los estadounidenses creían que los soviéticos sacrificaban al individuo a los intereses del estado, mientras que los soviéticos consideraban que los estadounidenses santificaban la avaricia de los poderosos a costa de la comunidad, permitiendo el beneficio de una minoría a expensas de la inmensa mayoría. Así, mientras intercambiaban insultos, permanecían a salvo de tener que emprender la ardua tarea de comprender las considerables deficiencias y crueldades de sus propios sistemas.

Es inevitable que la mentalidad infantil paranoica vea en el enemigo algunas de las cualidades paradójicas del mal padre. La fórmula necesaria para poder destruir al enemigo con total impunidad moral siempre le atribuye un poder casi omnipotente y una degradación moral casi absoluta. Las declaraciones del Departamento de Defensa de los Estados Unidos, por ejemplo, solían asumir un estilo típicamente paranoico, enfatizando la superioridad de la Unión Soviética en la producción de bombas, tanques, misiles, etc., y subrayando al mismo tiempo el despiadado avance del comunismo y del ateísmo en el mundo. El Kremlin, por su parte, jugaba a lo mismo.

Lo cierto es que la mentalidad paranoica no tolera la idea de igualdad. Un paranoico debe sentirse sádicamente superior -y dominar a los demás- o bien debe sentirse masoquistamente inferior -y sentirse amenazado por ellos-. Los adultos pueden sentirse iguales y compartir la responsabilidad tanto por el bien como por el mal, pero en la mentalidad infantil, el gigante -el padre, el enemigo- es el único que detenta el poder, el único moralmente responsable de no eliminar el mal y el sufrimiento de su vida.

El homo hostilis es irremediablemente dualista, un dualista maniqueo:

Nosotros somos inocentes.

Ellos son culpables.

Nosotros decimos la verdad.

Ellos mienten.

Nosotros informamos.

Ellos hacen propaganda.

Nosotros tenemos un Departamento de Defensa.

Ellos tienen un Ministerio de la Guerra.

Nuestros misiles y armas son defensivos.

Las suyas son ofensivas.

La más terrible de todas las paradojas morales, el nudo gordiano que debe ser cortado para que la historia pueda seguir su curso, es el hecho de que el mal se crea a partir de los ideales más elevados y las aspiraciones más nobles. Se necesita ser héroes, estar del lado de Dios, eliminar el mal, purificar el mundo y vencer a la muerte, aunque para ello se tenga que sembrar la destrucción y la muerte de todo lo que se interponga en el camino hacia el heroico destino. Se necesitan y crean enemigos absolutos no por una crueldad intrínseca, sino porque se proyecta el odio sobre un objetivo externo, agrediendo a los extraños, tratando de agrupar a la tribu o nación y permitiendo entrar a formar parte de un grupo cerrado y exclusivo. Se crea un excedente de mal por necesidades de pertenencia.

¿Cómo crear psiconautas, exploradores de las alturas y profundidades del psiquismo? ¿Cómo llevar a cabo una cruzada interna contra la paranoia, la mentira, la autoindulgencia, la culpabilidad, la vergüenza, la pereza, la crueldad, la hostilidad, el miedo y el absurdo? ¿Cómo puede la sociedad reconocer y recompensar el coraje de quienes combaten las tentaciones diabólicas del yo, de quienes emprenden una guerra santa contra toda la maldad, la perversión y la crueldad que anida en su interior?

Si realmente se desea la paz, se debe empezar a desmitificar al enemigo, dejar de politizar los fenómenos psicológicos, recuperar la sombra, estudiar minuciosamente las mil y una formas en que se niegan , enajenan y proyectan en los demás el egoísmo, la crueldad y los celos, y finalmente, comprender en profundidad cómo se ha creado inconscientemente un psiquismo beligerante y cómo se han perpetuado las innumerables variedades de la violencia.

De Víctimas a Responsables

La proyección de cualidades negativas es una práctica común en nuestra sociedad, donde erróneamente equiparamos lo negativo con lo indeseable. En lugar de aceptar e integrar nuestros rasgos negativos, los alienamos y proyectamos, viéndolos en los demás en lugar de en nosotros mismos. Sin embargo, estas cualidades no desaparecen, sino que siguen siendo parte de nuestra psique. Veamos un ejemplo ilustrativo.

En un grupo de diez amigas, nueve aprecian a Jill, pero Betty no puede soportarla, tachándola de remilgada y mojigata. Betty intenta convencer a las demás de esta supuesta mojigatería, pero nadie parece estar de acuerdo, lo que la enfurece aún más. Es evidente que la razón por la que Betty detesta a Jill es su propia tendencia inconsciente a la mojigatería, proyectada sobre ella. Así, un conflicto originalmente interno de Betty se transforma en una disputa con Jill, quien actúa como un espejo involuntario del desprecio que Betty siente hacia sí misma.

Todos poseemos puntos ciegos, tendencias que nos negamos a admitir como propias y rasgos que rehusamos aceptar. Como consecuencia, los proyectamos hacia el exterior, luchando contra ellos con cólera e indignación, cegados por un idealismo que nos impide reconocer que la batalla es interna y que el enemigo está más cerca de lo que imaginamos. Para integrar estas facetas, basta con brindarnos la misma amabilidad y comprensión que ofrecemos a nuestros amigos. Como elocuentemente afirmaba Carl Jung, la aceptación de uno mismo es la esencia del problema moral y el epítome de cualquier comprensión global de la vida.

Las consecuencias de esta situación son dobles. Por un lado, llegamos a creer que carecemos por completo de las cualidades proyectadas, que permanecen fuera de nuestro alcance y sobre las que no podemos actuar, utilizarlas ni satisfacerlas, provocándonos una tensión y frustración crónicas. Por otro lado, vemos esas cualidades en nuestro entorno, asumiendo proporciones aterradoras, hasta el punto de flagelarnos con nuestra propia energía.

A nivel del ego, la proyección es fácilmente identificable. Cuando una persona o cosa nos informa, probablemente no estemos proyectando; si nos afecta, es muy plausible que seamos víctimas de nuestras propias proyecciones. Es posible que Jill fuera realmente una remilgada, pero ¿sería razón suficiente para que Betty la odiara? Evidentemente no. Betty no sólo recibía información sobre la mojigatería de Jill, sino que se sentía fuertemente afectada por ella, un signo inequívoco de que su odio era el desprecio proyectado que sentía hacia sí misma.

Desmantelar una proyección implica "descender" por el espectro de conciencia, desde el nivel de la sombra hasta el nivel egoico, y reapropiarnos de los aspectos alienados, ampliando así nuestra área de identificación. El primer paso consiste en comprender que lo que consideramos que el entorno nos hace mecánicamente no es más que lo que nos estamos haciendo a nosotros mismos. Nosotros somos los únicos responsables.

Si sentimos ansiedad, probablemente aleguemos ser víctimas indefensas de la tensión, culpando a personas o situaciones. El primer paso es ser plenamente consciente de la ansiedad, establecer contacto con ella, sentirla realmente, aceptarla, expresarla y comprender que somos los únicos responsables. La ansiedad no se desarrolla entre el individuo y el entorno, sino exclusivamente en el interior. Este cambio de actitud supone asumir la responsabilidad de lo que nos estamos haciendo a nosotros mismos.

El segundo paso para "curar" las proyecciones de la sombra es invertir su sentido y hacer amablemente a los demás lo que hasta entonces nos habíamos estado haciendo despiadadamente a nosotros mismos. Así, "el mundo me rechaza" se transforma en "¡en este momento rechazo todo el condenado mundo!"; "mis padres quieren que estudie" se convierte en "quiero estudiar"; "mi pobre madre me necesita" deviene "necesito estar cerca de ella"; "tengo miedo de quedarme solo" se traduce como "malditas las ganas que tengo hoy de ver a nadie" y "la gente siempre me critica" pasa a ser "no paro de criticar a todo el mundo".

En todos los casos de proyección de la sombra, distorsionamos "neuróticamente" nuestra autoimagen para hacerla aceptable. Nuestra identidad se reduce progresivamente hasta convertirse en una pequeña fracción de nuestro ego, la distorsionada y empobrecida persona, mientras nos condenamos a sentirnos acosados por nuestra propia sombra, a la que negamos atención consciente. No obstante, la sombra siempre tiene algo que decir y pugna por abrirse paso hacia la conciencia en forma de ansiedad, culpa, miedo y depresión, aferrándose a nosotros como un vampiro a su presa.

Metafóricamente, hemos escindido la concordia discors del psiquismo en numerosas polaridades, contrarios y opuestos, dividiéndolo en la persona y la sombra. Nos identificamos sólo con "medio" aspecto de la dualidad y desterramos al otro aspecto al tenebroso mundo de la sombra, convirtiéndola en lo opuesto de la persona que deliberadamente creemos ser.

Para conocer cómo ve el mundo nuestra sombra, basta con asumir exactamente lo opuesto de lo que conscientemente deseemos, queramos, sintamos, necesitemos, intentemos o creamos. Así podremos establecer contacto consciente con nuestros opuestos, expresarlos, representarlos y recuperarlos. La sombra siempre tiene algo que decir y o bien nos apropiamos de ella o ella se apropia de nosotros. O tratamos sensatamente de ser conscientes de nuestros opuestos o nos veremos obligados a tomar conciencia de ellos.

Utilizar los opuestos, ser consciente y reapropiarnos de ellos no significa necesariamente actuar según sus dictados. Casi todo el mundo teme enfrentarse a sus opuestos por miedo a que les dominen, pero lo que ocurre es exactamente lo contrario: sólo cuando la sombra permanece inconsciente terminamos sometidos a sus dictados contra nuestra voluntad.

Para tomar decisiones válidas debemos ser plenamente conscientes de ambos opuestos, porque si una alternativa permanece inconsciente, nuestra decisión será inadecuada. En cualquier área de la vida psíquica debemos afrontar nuestros opuestos y reapropiarnos de ellos, lo que no significa necesariamente actuar según sus dictados, sino simplemente ser conscientes de ellos. A medida que afrontamos nuestros propios opuestos, resulta evidente que, dado que la sombra es una faceta integrante del ego, todos los "síntomas" que parece infligirnos son, en realidad, síntomas que nos estamos infligiendo a nosotros mismos, por más que protestemos conscientemente de lo contrario. Es como si deliberadamente nos estuviéramos pellizcando dolorosamente a nosotros mismos y pretendiéramos, al mismo tiempo, que no es así. En este nivel, cualquier síntoma es la consecuencia directa de los pellizcos "mentales" que nos estamos dando, lo que significa que deseamos que el doloroso síntoma desaparezca y permanezca al mismo tiempo.

El primer opuesto al que podemos intentar enfrentarnos es el deseo oculto de mantener los síntomas, el deseo inconsciente de pellizcarnos a nosotros mismos. Cuanto más ridículo le parezca esto a un individuo, menos en contacto se hallará con su propia sombra, responsable de los pellizcos.

No tiene sentido preguntarnos cómo desembarazarnos de esos síntomas, pues eso supondría que no somos nosotros quienes lo estamos haciendo. Mientras sigamos preocupados por dejar de pellizcarnos, mientras persistamos en intentar dejar de hacerlo, no nos habremos dado cuenta de que somos nosotros mismos quienes nos estamos pellizcando. De ese modo, no hacemos sino mantener o aumentar el dolor. Si realmente nos diéramos cuenta de que nos estamos pellizcando a nosotros mismos, no nos preguntaríamos cómo dejar de hacerlo, sino que simplemente dejaríamos de hacerlo de inmediato. La razón por la que el síntoma no desaparece es precisamente el hecho de que estamos tratando de hacerlo desaparecer. Cuanto más luchamos contra un síntoma, más empeora éste. El cambio deliberado nunca funciona porque excluye a la sombra.

No se trata de desembarazarnos de ningún síntoma, sino de intentar exagerarlo deliberada y conscientemente, de experimentarlo plenamente. Si estamos deprimidos, procuremos deprimirnos todavía más; si estamos tensos, aumentemos la tensión; si nos sentimos culpables, exageremos el sentimiento de culpa. Si intentamos hacer esto, reconoceremos a la sombra y, por primera vez, nos solidarizaremos con ella, pasando a hacer conscientemente lo que hasta entonces sólo habíamos hecho de un modo inconsciente. Al reproducir deliberadamente nuestros síntomas, estaremos reunificando realmente nuestra persona y nuestra sombra.

Entonces tomaremos contacto con nuestros opuestos, nos pondremos de su parte y redescubriremos nuestra sombra. Si exageramos cualquier síntoma presente hasta darnos cuenta de que eso es lo que siempre hemos hecho, estaremos, por primera vez, en situación de dejar de hacerlo. Sólo podremos dejar de tensarnos libremente después de tomar clara conciencia de que somos nosotros quienes nos estamos tensando. Si somos libres para provocarnos más culpabilidad, entonces nos percataremos espontáneamente de que también podemos hacer algo por sentirnos menos culpables. Si somos libres para deprimirnos, también lo somos para no hacerlo. Admitir la ansiedad es dejar de sentirse ansioso y el modo más fácil de "dis-tensar" a una persona es invitarla a que se tense todo lo que pueda. En todos los casos, la adhesión consciente a un determinado síntoma nos libera de él.

La desaparición de los síntomas no debe preocuparnos, ya que desaparecerán sin que nos preocupemos por ello. Si intentamos exagerar los opuestos sólo para desembarazarnos de un síntoma, estaremos condenados al fracaso. No se trata de intentar exagerar un síntoma sin entusiasmo y verificar ansiosamente si ya ha desaparecido. Si nos escuchamos diciendo "He intentado que el síntoma empeorase, pero todavía no ha desaparecido", es que no hemos llegado siquiera a conectar con la sombra y nos hemos limitado a pronunciar una especie de conjuro intentando aplacar a los dioses y a los demonios. La propuesta consiste en transformarnos deliberada y completamente en esos demonios hasta tal punto que toda nuestra atención consciente esté ocupada en producir y mantener nuestros propios síntomas.

Cuando tomamos contacto con nuestros síntomas e intentamos identificarnos deliberadamente con ellos, debemos recordar que, si tienen un núcleo emocional, se trata de una forma visible de la sombra que no sólo contiene la cualidad opuesta, sino también el sentido contrario. Si nos sentimos profundamente afectados y ofendidos "a causa" de lo que cierto individuo nos ha dicho, lo primero que debemos hacer es darnos cuenta de que somos los artífices de lo que nos está ocurriendo, de que literalmente nos estamos torturando a nosotros mismos. Sólo después de asumir la responsabilidad de nuestras propias emociones estaremos en condiciones de invertir el sentido de la proyección y ver que, aunque conscientemente abriguemos buenas intenciones hacia esa persona, el sentimiento de sentirnos dañados oculta precisamente nuestro deseo de dañarla. Así, "me siento herido por tal persona" debe traducirse como "tengo ganas de dañarla". Esto no significa que tengamos que golpearla, sino que para integrarla basta con ser conscientes de nuestra cólera. Nuestro síntoma, el dolor, no sólo refleja la cualidad opuesta, sino también el sentido opuesto. Por consiguiente, tendremos que asumir la responsabilidad tanto de nuestra cólera (la cualidad opuesta de nuestro afecto consciente hacia el individuo en cuestión) como del hecho de que la cólera parte de nosotros y se dirige hacia él (precisamente el sentido opuesto al que somos conscientes).

En el caso de la proyección de una emoción, primero deberemos darnos cuenta de que lo que nosotros pensamos que el exterior nos está haciendo es, en realidad, lo que nos estamos haciendo a nosotros mismos, que literalmente nos estamos atormentando. A continuación, deberemos comprender que ése es nuestro deseo solapado de atormentar a los demás. "Nuestro deseo de atormentar a otros" puede ser, según los casos, el deseo de amarlos, odiarlos, tocarlos, ponerles nerviosos, poseerlos, mirarlos, matarlos, abrazarlos, estrujarlos, atraer su atención, rechazarlos, dar, someterlos, jugar con ellos, dominarlos, engañarlos o ensalzarlos.

El segundo paso, la inversión, es esencial. Si la emoción no se descarga completamente en la dirección correcta, no tardaremos en volver rápidamente al antiguo hábito de dirigirla contra nosotros mismos. Cada vez que establezcamos contacto con una emoción, como el odio, cada vez que comencemos a dirigir el odio hacia nosotros mismos, invirtamos su sentido y dirijámoslo hacia el exterior. La alternativa es pellizcar o ser pellizcado, mirar o ser mirado, rechazar o ser rechazado.

Eliminar una proyección es más simple cuando se trata de cualidades, rasgos o ideas proyectadas, porque éstas no tienen un sentido tan pronunciado como las emociones. Los rasgos positivos o negativos parecen ser relativamente más estáticos. En este caso, sólo deberemos preocuparnos de la cualidad, no de la dirección. Obviamente, cuando estas cualidades se proyectan, podemos reaccionar ante ellas de un modo emocionalmente violento y proyectar esas emociones reactivas, entrando en una espiral vertiginosa de proyecciones. Además, también puede suceder que sólo se proyecten aquellas cualidades o ideas cargadas emocionalmente. Si consideramos las cualidades proyectadas en sí mismas, podemos reintegrar gran parte de ellas.

Los rasgos proyectados, al igual que las emociones proyectadas, son cualidades que "vemos" en los demás y que no sólo nos informan, sino que también nos afectan profundamente. Normalmente se trata de cualidades que creemos que poseen los demás, precisamente aquellas que más aborrecemos y condenamos violentamente. Poco importa que vituperemos contra los aspectos más tenebrosos de nuestro corazón con la esperanza de exorcizarlos. A veces, las cualidades proyectadas son algunas de nuestras propias virtudes y entonces solemos colgarnos de aquellas personas a las que se las atribuimos, convirtiéndonos en una especie de guardaespaldas que intenta monopolizar febrilmente a la persona elegida. En este caso, nuestra inquietud procede del intenso deseo de mantenernos próximos a ciertos aspectos de nosotros mismos.

En última instancia, hay proyecciones para todos los gustos. Las cualidades proyectadas, como las emociones proyectadas, siempre son las opuestas de aquellas que conscientemente creemos poseer, pero, a diferencia de ellas, los rasgos no tienen un sentido y su integración es más sencilla. En el primer paso, exagerar nuestros opuestos, tendremos que darnos cuenta de que lo que amamos o aborrecemos de los demás no son más que cualidades de nuestra propia sombra. No se trata de algo que ocurra en nuestra relación con los demás, sino en la relación que sostenemos con nosotros mismos. Al exagerar nuestros opuestos, entramos en contacto con la sombra y, cuando comprendamos que somos nosotros mismos quienes nos estamos pellizcando, dejaremos inmediatamente de hacerlo. Los rasgos proyectados carecen de sentido y, por ello, su integración no requiere el segundo paso de la inversión.

De este modo, exagerando nuestros opuestos y concediendo un espacio a la sombra, terminaremos ampliando nuestra identidad y asumiendo también nuestra responsabilidad por todos los aspectos de nuestro psiquismo, no sólo por nuestra empobrecida persona. Así, "rellenamos y salvamos" el abismo existente entre la persona y la sombra.

El Arte de la Integración

El proceso de recuperar las proyecciones y asimilar la sombra, conceptos clave en la teoría de Carl Jung, requiere una serie de pasos prácticos que involucran la ruptura de hábitos y la exploración de aspectos desconocidos de uno mismo. Para lograrlo, es recomendable agudizar los sentidos en la vida diaria, visitar culturas primitivas, dedicarse a actividades creativas como la música, la escultura o la percusión, y experimentar periodos de aislamiento. Además, adoptar temporalmente roles opuestos al propio género puede arrojar luz sobre aspectos ocultos de la personalidad.

En las relaciones interpersonales, solicitar la devolución simbólica de aspectos proyectados en otros puede ser un ejercicio revelador. Por ejemplo, una mujer podría pedirle a su madre que le devuelva a su "bruja interior", mientras que un hombre podría solicitar a una mujer que le devuelva lo que ella ha seducido en él. Estos juegos simbólicos resultan beneficiosos incluso cuando la persona en cuestión ha fallecido.

Existen numerosas formas de integrar la sombra y recuperar las proyecciones, disminuyendo así la carga psíquica que se lleva consigo. Una de las más fructíferas es el uso de un lenguaje preciso y arraigado en la realidad física. El lenguaje actúa como una red que permite atrapar las proyecciones dispersas en el mundo exterior. Para recuperar aspectos como la "bruja" o el "guía espiritual", es necesario escribir activamente sobre ellos en lugar de someterse pasivamente a la guía de otros. La literatura, como demuestran autores como Isaac Bashevis Singer y Shakespeare, contiene la sustancia de la sombra ancestral. Cuando el lenguaje no basta, la pintura o la escultura pueden ser medios efectivos para traer a la consciencia aspectos ocultos de la psique.

La pasividad frente a las proyecciones contribuye, de manera indirecta, a aumentar el riesgo de conflictos globales. La energía psíquica no integrada queda a merced de líderes políticos que pueden utilizarla para fines destructivos. Por ello, actividades creativas como llevar un diario o dedicarse al arte no sólo contribuyen al desarrollo personal, sino también a la paz mundial. Como afirmaba el poeta William Blake, sólo los artistas pueden ser verdaderamente cristianos, pues participan activamente en su propia vida y utilizan medios expresivos para comunicarse con su sombra. Blake mismo empleó la pintura, la música y la literatura para integrar su psique y evitar que su energía fuera proyectada negativamente por los políticos. En este sentido, el trabajo individual de asimilación de la sombra se convierte en una responsabilidad social de primer orden.

Epílogo

En este texto hemos explorado la compleja noción de la Sombra, un concepto clave en la psicología junguiana que representa los elementos rechazados y suprimidos de nuestra psique. Este análisis ha abarcado diversas esferas, desde la literatura y la historia hasta las dinámicas de nuestras interacciones personales, evidenciando cómo la Sombra influye de manera significativa en la experiencia humana.

Se ha discutido cómo la represión de la Sombra puede resultar en la proyección de nuestros temores y deseos ocultos hacia otros, generando conflictos y perpetuando ciclos de violencia y malentendido. Hemos observado que incluso individuos altamente respetados pueden ser vulnerables a los efectos engañosos de la Sombra, como ilustra el comportamiento de los médicos durante el régimen nazi.

A su vez, este libro ofrece perspectivas de esperanza y sabiduría, proponiendo que el proceso de integrar la Sombra no busca la perfección moral, sino una aceptación radical de nuestra totalidad humana. A través de ejemplos, hemos visto cómo aspectos como los sueños y la creatividad, así como la disposición a confrontar nuestros propios dilemas internos, pueden convertir la Sombra de un enemigo temible en un aliado valioso para nuestro desarrollo psicológico y espiritual.

Una lección crucial de este análisis es que la Sombra no debe ser vista como un ente separado, sino como una parte esencial de nosotros mismos. Al reconocer y aceptar la Sombra, evitamos la autodivisión y enriquecemos nuestra experiencia vital. Este acto de integración se presenta como un profundo acto de autoaceptación y responsabilidad personal, donde reconocemos nuestro papel como arquitectos conscientes tanto de nuestro mundo interno como del externo.

Al concluir este libro, se alienta al lector a perseguir su propio proceso de autodescubrimiento e integración. La Sombra no debe ser vista como una meta a alcanzar, sino como un constante compañero en el camino hacia la individuación. Al abordar y aceptar los aspectos ocultos de nuestra psique, avanzamos hacia una existencia más realizada y consciente.

Esperamos que las ideas presentadas en este texto sirvan como inspiración para una exploración continua del inconsciente, fomentando una relación más armónica y creativa con la Sombra. Siguiendo las palabras de Jung, el desafío consiste en transformar lo inconsciente en consciente, para no ser meros espectadores de nuestra vida, sino sus conscientes creadores.

Arquetipo y Sombra

FIN

www.ingramcontent.com/pod-product-compliance
Lightning Source LLC
Chambersburg PA
CBHW050005070726
47592CB00018B/1055